숨 쉬지 못해도 괜찮아

숨 쉬지 못해도 괜찮아

ⓒ 생명의말씀사 2019

2019년 10월 31일 1판 1쇄 발행
2019년 12월 18일　　　4쇄 발행

펴낸이 | 김재권
펴낸곳 | 생명의말씀사

등록 | 1962. 1. 10. No.300-1962-1
주소 | 서울시 종로구 경희궁1길 5-9(03176)
전화 | 02)738-6555(본사) · 02)3159-7979(영업)
팩스 | 02)739-3824(본사) · 080-022-8585(영업)

지은이 | 김은유

기획편집 | 서정희, 서희연, 장주연
디자인 | 윤보람
표지 사진 | 장군
만화 | 김주영, 김은유
인쇄 | 영진문원
제본 | 정문바인텍

ISBN 978-89-04-16683-1 (03230)

저작권자의 허락없이 이 책의 일부 또는 전체를
무단 복제, 전재, 발췌하면 저작권법에 의해 처벌을 받습니다.

숨 쉬지 못해도 괜찮아

김온유 지음

나는 날마다 숨을 선물 받습니다

생명의말씀사

추천사

죽었던 자가 다시 살아나고 못 걷던 자가 걷고 뛸 때만 하나님의 손이 있는 게 아니었다. 16년간 1만여 명의 손들을 보내셔서 그녀의 숨이 1초도 멈추지 않게 하신 하나님의 손. 온유의 병실에 들어서면 그 크신 손 아래에 있는 느낌이 생생하다. 흙덩이인 우리의 콧구멍에 당신의 숨을 불어넣어 우리를 '산 영혼'으로 살게 하신 하나님의 호흡이 가득하다. 그 숨 쉬게 하시려고, 알게 하시려고 이 작은 소녀를 사용하시는 하나님의 뜻이 공의롭고, 자비롭고, 엄위하다. 그리고 그 뜻을 위해 죽을 것 같은 고통을 감당하고 지금 빛나게 숨을 나눠주고 있는 온유에게 명치가 뻐근하도록 감사하다.

_ 고은님 (작가)

"목에 구멍을 뚫었으면서, 혼자 숨도 못 쉬면서, 평생을 병원에서 살면서, 앞으로 퇴원 기약도 없으면서 언니는 어떻게 하나님을 믿어요?" 이에 대한 그녀의 대답이 책으로 나왔다. 그녀의 삶을 보고 있노라면 그녀의 살아 있음이 곧 하나님의 살아 계심임을 인정할 수밖에 없다. 덤덤하지만 해맑고, 아이 같지만 인생 2회 차쯤 사는 것 같은 그녀의 지혜와 통찰 그리고 하나님에 대한 찬양과 감사는 당신이 앞으로 숨 쉬어갈 날들을 통째로 바꾸어줄 것이다.

_ 김아란 (유튜브 Aran TV 크리에이터 / 에듀테이너)

온유 누나에게 찾아왔던 절박한 모든 순간, 그 모든 시간 속에서 의지할 수 있는 분은 오직 하나님이라는 온유 누나의 믿음을 보면서 내 믿음을 다시 한 번 돌아보게 되었다. 또한 내 삶에 대해서도 감사를 많이 느꼈다. 이 책을 읽으면서 마음이 아프기도 하고 눈물이 나기도 했다. 힘들고 어려운 상황들, 어느 누구에게도 위로받기 힘든 일들, 그럼에도 불구하고 씩씩하고 담대한 온유 누나의 믿음과 삶의 고백이 많은 사람에게 은혜가 되고 선한 영향력을 미치기를 응원하고 기도한다.

_ 박이영 (축구선수)

오래전 온유 자매를 만난 적이 있었다. 자매의 밝은 얼굴과 자매의 상황은 너무나 아이러니했다. 그 아이러니는 기적이라 말할 수 있을 만큼 신비롭고도 아름다웠다. 이 책을 한 장 한 장 넘기며 흐르는 눈물을 주체할 수 없었다. 아픔 때문이 아니라 그 아픔 속에서 온유 자매가 하나님의 놀라우심을 고백하고 찬양하는 모습 때문이었다. 기적을 보고 싶은가? 이 책을 강력하게 추천한다.

_ 소향 (CCM 가수)

온유를 만나고 돌아오는 길, 온유를 만나기 전 품었던 의문과 하나님을 향한 답답한 마음이 풀어지는 경험을 했다. 평범하지 않은 온유가 덤덤하게 들려주는 이 책의 이야기를 통해 온유의 삶에서 오늘도 일하시는 하나님을 만날 수 있었다. 헤아릴 수 없는 고난 속에서 말로 다할 수 없는 기적… 그 기적의 순간들을 매력 넘치는 온유의 통통 튀는 글솜씨로 만날 수 있어 정말 감사하다.

_ 이지선 (한동대 교수, 「다시 새롭게 지선아 사랑해」의 저자)

온유는 지금 이 시대의 빛과 소금 같은 존재이며, 그녀의 존재만으로도 큰 감동이다. 일상의 크고 작은 것에 감사함을 느끼게 해주는 온유의 삶은 우리에게 인내와 믿음, 그리고 희망이 무엇인지 알려주고 있다(정우). 온유가 갖고 있는 내면의 강한 힘은 하나님의 살아 계심을 확실히 보여준다. 온유는 찾아오는 이들에게 진정한 숨을 나눠주고 있다. 온유의 삶을 통해 많은 사람이 성령님이 주시는 깊고 시원한 숨을 쉬고 모든 아픔과 한계를 주님과 함께 기쁨으로 가뿐하게 뛰어넘기를 소망한다(김유미).

_ 정우 & 김유미 부부 (배우)

"넌 매일 무슨 옷을 입을까 고르는 것과 마찬가지로 무슨 생각을 할까 고르는 법을 배워야 해. 그건 네가 얼마든지 기를 수 있는 힘이야!" 영화 〈먹고 기도하고 사랑하라〉에 나오는 대사다. 여기 수많은 역경과 고난 속에서 감사와 지혜를 잘 배운, 잘 고른 그녀의 이야기가 담겨 있다. 호흡을 통해 하나님을 증명하는 그녀의 이야기는 당신에게 감사와 도전이 넘치는 삶을 선물할 것이다.

_ **한영준 (코인트리 대표, 공정여행가)**

차례

추천사 • 4
프롤로그 • 12

1장
평범하고 무력했던_
나의 이야기

안녕하세요? 온유입니다 • 19
아이가 집을 떠나게 된 이유 • 25
말괄량이 중학생 • 32
어쩌다가 여기까지 왔을까? • 37
길을 만들어주세요 • 46

온유의 일기_ 중환자실에서 1 • 50
온유의 만화_ 아빠 편 • 52

2장
중환자실에서
만난_
하나님 이야기

믿음이라는 말의 의미 • 57
ps.119 • 62
구출 작전 • 66
사랑하기 때문에 • 76

온유의 일기_ 중환자실에서 2 • 65
온유의 만화_ 언니 편 • 84

3장
**나를 가장
잘 아는 이와_
동행 이야기**

어제보다 좋은 날 • 89
상사병 • 96
그것으로 충분합니다 • 102
사랑에는 두려움이 없다 • 109
온유의 묵상_ 죽음에 대하여 • 116
온유의 만화_ 동생 편 • 118
_ 머리 감기 편 • 120

4장
**기적처럼 시작된_
함께하는 숨 이야기**

두 번째 호흡이 시작되던 날 •125
사랑, 기적을 만들다 •129
릴레이 온유 •136
날마다 숨을 선물 받습니다 •142
함께 호흡한다는 것 •149

온유의 가족 이야기 •154

- 흙 한 톨 없는 곳에서 피어난 꽃을 보며 •154
- 다른 사람들에게 소망과 희망을 전하고 있는 천사가 된 우리 딸 •160
- 너는 너의 일을 하라 •163
- 사랑해, 언니 •167

온유의 만화_ 엄마 편 •172

5장
호흡처럼 가까운_ 친구들 이야기

앰부 천사들의 편지 • 177
· 인상적인 온유 • 178
· 온유의 회복과 온유의 새로운 꿈을 위해 기도하다 • 181
· 바리스타, 그리고 수요 먹방의 시작 • 185
· 스스로 호흡하는 그날까지 함께하기를 • 188
· 가장 무서웠던 곳이 가장 아름다운 곳으로 • 190
· 내 삶의 기적, 내 친구 온유 • 193

너에게 들려주고 싶은 말 • 203
친구들을 위한 기도 • 209

온유의 만화_ 재미있는 봉사자들 편 • 216

6장
마음속 깊이 숨겨두었던_ 고백 이야기

소원을 말해봐 • 223
고백 • 232
꿈을 꾸다 • 238
사랑하는 이에게 • 246

에필로그 • 258

프롤로그

어쩌면 사람들은 기적적으로 고난이 해결된 이야기나 아니면 역경을 통해서 남다른 믿음을 얻은 이야기를 기대할지도 모른다. 그러나 나의 이야기는 그런 방식의 해피엔딩은 아니다. 나는 이미 인생의 절반이나 되는 세월을 병원에서 보냈는데도 여전히 퇴원 기약이 없는 환자이고, 그렇게도 많은 역경을 겪었지만 여전히 "아픈 만큼 성숙해진다"는 말과 달리 미숙하고 평범하기 때문이다.

그래서 여태까지 "너만의 특별한 은혜를 나눠보는 게 어떠니?"라는 권면을 들을 때마다 그저 한 귀로 듣고 흘려버렸다. '아직은 내게 나눠줄 수 있는 게 없다'고 생각한 것이다. 나의 삶 속에는 아직도 해결되지 못한 문제가 많았고, 여전히 그 문제들로 인해 아등바등하고 있는 자신의 모습을 굳이 남들에게 보이고 싶지 않았다. 원하지도 않는 동정만 받게 될 것이라고 생각했으니까.

그러던 어느 날 하나님이 이런 감동을 주셨다.

"네가 너 자신의 이야기를 한다고 생각하면 부끄러울 수 있다. 하지만 네 삶 속에서 내가 이루어낸 일들까지도 부끄럽다고 하며 모두 묻어두려는 것이냐?"

하나님의 말씀에 나는 아무 말도 할 수 없었다. 나의 이야기라고만 생각했는데, 사실은 내 것이 아님을 깨달았기 때문이다.

16년 전 갑작스런 의료 사고를 당했을 때 나는 고작 14살의 어린아이였다. 예기치 못한 고난을 이겨낼 믿음이 없었고, 무작정 참고 견디기에도 힘이나 지혜가 모자랐다. 그러나 하나님은 그런 무력한 아이를 기어코 살려내고자 하셨다. 그분은 어떠한 치명적인 위협조차도 무색하게 만들 놀라운 대책들을 준비하셨고, 덕분에 나는 매번 아무것도 모른 채 고비를 맞았지만 마치 미리 준비된 것만 같은 절묘한 타이밍에 기적을 경험하게 되었다.

그렇게 기적적으로 살아남았던 순간들을 돌이켜보니, 하나님은 언제나 사람을 통해 일하고 계셨다. 바로 지금 이 순간에도 내 곁에 있는 친구들을 통해 일하시는 하나님을 경험하고 있기에,

이번에는 나에게 당신의 통로가 되라고 하시는 그분의 초대를 더 이상 거부할 수 없었다.

그러니 이제부터 연약하고 모자란 나의 어떠함과 관계없이 그분이 이루어가신 놀라운 이야기에 대해 기록해보려 한다. 단 한 사람의 생명을 위한 하나님의 손길이 되어준 나의 친구들처럼, 나도 기꺼이 하나님의 인도하심에 순종해보려 한다. 사실상 그들을 만났을 때부터 이 이야기는 이미 나만의 이야기가 아니었던 셈이다. 나의 삶은 이제 우리 모두의 기적이기 때문이다.

이 기록이 나 자신에게는 주님의 영원한 약속들을 다시금 상기해보는 생생한 고백이 되기를 바란다. 또한 다른 이에게는 다른 듯 비슷한 하나님의 발자취를 통해 자신의 하나님을 기억하는 기적 같은 순간이 되었으면 좋겠다.

아무리 고생을 많이 해도 기가 죽지 않는 엄청난 딸을 두신 덕에 끈질긴 기도와 조언으로 긴긴 육아를 하고 계시는 더 엄청난 부모님께, 가족과 친척들과 교회 공동체, 그리고 하나님이 내 삶에 보내주신 모든 천사와 가장 소중한 앰부(Ambu, 풍선 같은 형태의 수동식 인공호흡 기구) 천사들에게 사랑과 고마움을 전하고 싶다.

궁극적으로는, 딱히 잘하는 것 없이 그저 살아가기만 하고 있을 때에도 여전히 나를 "당신의 기쁨"이라는 가장 영광스러운 이름으로 불러주시는 창조주 하나님께 이렇게나 사랑받는 존재로 만들어주심에 깊은 기쁨의 찬양을 올려드리고 싶다.

나에게 이르시기를 내 은혜가 네게 족하도다 이는 내 능력이 약한 데서 온전하여짐이라 하신지라 그러므로 도리어 크게 기뻐함으로 나의 여러 약한 것들에 대하여 자랑하리니 이는 그리스도의 능력이 내게 머물게 하려 함이라(고후 12:9).

홀로 큰 기적을 일으키신 분께 감사하여라. 그 인자하심이 영원하다(시 136:4, 표준새번역).

1

평범하고
무력했던_
나의 이야기

숨 쉬지
못해도
괜찮아

안녕하세요?
온유입니다

●

　언젠가부터 나는 그저 평범한 일상들을 떠올리는 데에도 조금씩 애를 써야 했다. 병원에서 오랫동안 지내다 보면 눈에 보이는 이곳만이 세상의 전부인 양 느껴지고 바깥세상에 대한 기억들은 점차 멀어져서 꿈처럼 아득해지기 때문이다. 그러니 일부러라도 바깥세상에 있었을 때의 기억들을, 소소하지만 그리운 추억들을 종종 떠올려야 한다. 이해할 수 있을지 모르지만 내게는 그런 기억들 하나하나가 마치 보석 같아서 가끔 꺼내 보고 싶어질 때가 있다.
　이제는 그런 평범한 삶보다 병실 안에서의 삶이 더 익숙하다. 시간이 멈춰버린 듯한 병실에서의 하루가 익숙하고, 항상 기침을 달고 있는 기관지와 기지개 한 번을 제대로 펴지 못하는 허리의 아픔이 익숙하다. 처음부터 이렇게 익숙했던 것은 아닌데 이제는 너무 익숙해서 당연한 것처럼 느껴질 정도가 되었다.

어린 시절 낯선 이곳에 왔을 당시에는 매일 주어지는 고통에 적응하지 못하면 결코 살아남을 수 없었다. 하지만 겨우 고통에 익숙해졌을 때에는 숨을 스스로 쉴 수 있는 힘까지 전부 다 잃어버리고 난 뒤였다. 멀쩡했던 목에는 구멍 하나가 생겨났는데, 용도를 말하자면 제3의 콧구멍이다. 스스로 숨을 쉬지 못하는 몸으로 살아가려면 기도로 연결되는 이 구멍을 통해 매 순간 인공호흡을 받아야 한다. 그렇게 벌써 오랜 시간을 보내고 있다.

이제 나는 인공호흡이 없으면 살아갈 수 없는 호흡기장애 1급 환자이고 16년 동안이나 같은 병원에서 살고 있는 장기 입원 환자다.

그러나 그보다 더 중요한 이야기가 남아 있다. 스스로 숨을 쉴 수 없는 장기 환자의 나날을 보내고 있던 어느 날, 내 인생을 아주 특별하게 뒤바꾼 기적이 일어났다는 이야기다.

기적이 시작된 것은 11여 년 전 어느 겨울날, 한 달 남짓이나 숨이 끊어져가는 고통을 겪으며 남아 있는 힘으로 오로지 하나님만을 부르고 있던 날이었다. 그날부터 나는 더 이상 스스로 숨을 쉴 수 없었지만 대신 매일 매 순간의 호흡을 선물 받게 되었다.

그날 밤 마치 기적처럼 생명을 살리고 싶다는 마음을 품은 한 사람이 찾아왔는데, 그때부터 매일 더 많은 사람이 연달아 찾아오기 시작했다. 이곳을 찾아온 낯선 사람들이 앰부를 붙잡고 매 순간 꺼져들려고 하는 호흡을 자꾸만 연장시키기 시작했다. 그렇게 해서 그들은 호흡이 끊어지면서 곧 생명도 끝이 날 것이라고 했던 의사의 예상을 뒤엎어버렸다.

그렇게 새로운 호흡이 이어지기 시작했을 때 나는 이게 어찌된 영문인지, 앞으로의 상황은 어떻게 될 것인지 전혀 알 수 없었다. 그러나 그들의 눈빛 속에는 언제나 사랑이 담겨 있어서 불안한 내 마음을 다독여주었다. 그렇게 릴레이 앰부가 시작되었다. 그때부터 나의 작은 병실은 하루 24시간 동안 모두에게 개방되는 열린 공간이 되었다. 벌써 11년째, 함께 숨을 쉬고자 이곳에 모여 함께 먹고 함께 잠을 자는 사람들과의 특별한 동거가 시작된 것이다.

누구든 이 이야기를 처음 들을 때면 도저히 믿기지 않는다고 한다. 하지만 그들이 이곳에 와서 세상에 이런 기적이 존재한다는 사실에 놀랄 때, 나 역시도 그들을 통해서 이 믿기지 않는 사건이 계속 이어지고 있다는 사실에 놀란다. 그 낯설던 친구들이 이제는 마치 호흡과도 같기 때문이다. "당신은 마치 나의 호흡과 같다"는 사랑의 표현은 더 이상 은유적인 표현이 아니었다. 먼저 다가와 사랑을 전해준 그 친구들은 정말로 나의 호흡이기도 하고, 그만큼 가깝고도 중요한 존재가 되어 있었다.

그런데 그런 기적 같은 친구들은 오히려 나를 보면서 기적 같다고 말한다.

"너를 볼 때마다 놀라워."
"너는 참 강한 것 같아."
"도저히 고생을 많이 겪은 환자처럼 보이지 않아."

처음 이곳에 왔을 때 모두 깜짝 놀랐다고 한다. 호흡조차 다른 이의 손에 맡겨야 할 만큼 연약한 환자이면서 어쩜 그렇게 강한 마음과 높은 자존감을 유지하고 있는지 궁금했다고 한다. 어쩌면 이미 평범한 생활을 잃어버린 사람이 계속해서 평범하게 살아가고자 하는 것이 모두의 눈에는 그다지 평범해 보이지 않았을지도 모르겠다.

하지만 내가 그렇게 살아가려 하고, 살 수 있는 이유는 결코 나의 강함 때문이 아니었다. 그저 두려워질 때마다 나와 함께 계시는 분의 말씀을 믿었기 때문이다. 그분이 자기의 형상을 본떠서 나를 만들었다고 말씀하셨기 때문에 나는 어떠한 실망스런 순간에도 나 자신이 전능하신 그분을 쏙 빼닮은 무한한 존재임을 믿었다. 분명히 이 세상의 어떤 창조물보다 고귀한 존재라 하셨으니, 현실이라고 불리는 주변의 환경 따위가 하나님의 형상으로 지어진 사람을 달리 정의할 수 없는 일이라고 굳게 믿었다. 그런

친구들이 이곳에 와서 세상에 이런 기적이 존재한다는 사실에 놀랄 때, 나 역시도 그들을 통해서 이 믿기지 않는 사건이 계속 이어지고 있다는 사실에 놀란다.

존재라면 어디서나 자유를 누리며 꿈을 꿀 수 있는 것이 아닌가. 나는 단지 하나님의 말씀을 믿고 언제나 당당히 살아가고자 마음먹었을 뿐이다.

그러니 이제부터 들려줄 나의 이야기는 고난 속에서 한없이 무력할 수밖에 없었던 '평범한 사람'에게 주어진 놀라운 기적에 관한 이야기다. 어쩌면 이 이야기의 현실적인 부분이 모두에게 슬픔을 자아낼지도 모르겠다. 그러나 부디 모두가 이 이야기 속에서 현실을 넘어 하나님의 놀라운 일하심을 보게 되기 바라며, 겉으로 보이는 모습만으로는 모자란 내 소개를 시작한다.

나는 자유분방하고 열정적인 기질을 타고난 32살의 청년이다. 꿈을 꾸며 사랑을 하기 원하는 평범한 사람이다. 비록 매일 똑같은 환자복 차림이더라도 가장 예쁜 모습으로 하루를 지내고자 매일 아침 단장을 하는 여자다. 병원 안에 있어도 여전히 의욕이 넘쳐서 함께 있는 사람들을 자주 귀찮게 하는 사람이다. 환자라는 꼬리표를 떼고 똑같은 사람으로서 당신에게 다가가려는 사람이고, 몸이 약하다고 해서 결코 마음까지 약해질 필요는 없다고 생각하는 사람이다. 그렇게 병원이라는 울타리 안에 스스로를 한계 짓지 않으려고 애를 쓰고 있는 그런 평범한 사람일 뿐이다.

> 하나님이 자기 형상 곧 하나님의 형상대로 사람을 창조하시되 남자와 여자를 창조하시고 (창 1:27).

아이가 집을
떠나게 된 이유

●

　이 이야기를 듣고 나면 병원이라는 곳을 전처럼 마음 편하게 드나들 수 없을지도 모른다. 이 모든 일은 중학생이 되던 겨울, 고작 흔한 감기로부터 시작되었기 때문이다. 기침이 조금 오래간다는 이유로 무심코 동네의 병원을 찾았던 것이 발단이었다.

　우리집은 워낙에 약보다는 전통적인 치료 방식을 고수해왔기 때문에 평소대로라면 몇 년에 한 번 걸릴까 말까 한 가벼운 감기로 굳이 병원까지 찾아가는 일은 없어야 했다. 어쩌다 누군가 기침을 하기 시작하면 엄마는 당장에 도라지와 파뿌리를 잔뜩 넣어서 무진장 쓰고 독한 차를 달이기 시작하셨다. 가엽게도 감기에 걸린 사람은 그 쓰디쓴 차를 하루 종일 마셔야만 했다.

그 차는 비록 맛은 끔찍하지만 하루이틀만 지나도 금세 기침이 멎고 감기가 뚝 떨어지는 마법의 차였다. 하지만 그해에는 차가 유독 더 쓰게 느껴졌고 엄마에게 제발 그냥 남들처럼 병원에 가게 해달라며 떼를 부렸던 거다. 그렇게 가까운 내과를 찾게 되었던 것인데, 그곳에서 뜻밖의 이야기를 들었다. 한쪽 폐에 물이 조금 차 있는 것 같으니 대형 병원으로 가서 정밀 검사를 받아보라는 것이었다.

그렇게 대형 병원에 가게 되었다. 이틀이나 입원해서 온갖 검사를 받고 심지어 왕주사기에 찔리며 폐에 차 있다는 물까지 빼봤지만 검사 결과에서 아무런 이상이 발견되지 않았다. 당시 첫 진단명은 '흉막삼출액.' 흉막 사이에 물이 차올라 있는 현상을 나타내는 말이다. 현상은 있는데 검사로는 아무것도 발견되지 않아 딱히 치료할 게 없었다.

계속해서 병명을 찾지 못하자 의사들은 흉막에 물이 차는 증상을 두고 결핵을 의심했고, 한동안 결핵약을 처방해줬다. 약을 몇 달간 먹게 되었다는 사실만으로 안절부절못하던 그때의 모습은 지금이야 우습게 느껴지지만, 소녀의 입장에서는 결핵이라는 병에 걸렸을지도 모른다는 생각만으로도 무서웠다.

9개월가량이나 매일매일 한 주먹에 다 쥐어지지 않을 만큼 많은 약을 꾸역꾸역 삼키다 보면 불치의 병에 걸려 죽어가고 있는 기분이 들었다. 결핵은 더 이상 불치의 병이 아니라고 들었지만,

어린아이의 머릿속에는 언젠가 봤던 드라마 속의 잔상이 남아 있어서 결핵이라는 말을 생각하면 자꾸만 피를 토하며 죽어가는 모습이 떠올랐다. 그런 이유로 매일 새벽기도회에 가서 결핵이 아니기를 기도하며 엉엉 울었고, 답답한 마음에 도중에는 지인을 통해서 병원까지 옮겼다. 병원을 옮겨도 검사 결과는 똑같았다.

약 먹는 기간을 마저 다 채웠더니, 결국 결핵이 아니라는 진단이 나왔다. 진단을 받자마자 내내 '혹시 내가 큰 병에 걸린 것은 아닐까' 안절부절못했던 마음이 싹 가라앉았다. 감기는 진즉 다 나았는데, 그동안 아무런 병도 없이 1년간 결핵약을 먹으며 마음고생을 한 것이 아쉬웠다. 당시의 담당 의사도 같은 생각이었다.

"흉막에 물이 있긴 하지만 아무런 병이 발견되지 않았고 1년이나 지켜봤어도 문제가 없었으니 병원에 다니지 않아도 괜찮을 거예요."

그러나 막상 병원에 다니는 일을 그만두려고 하자 의사는 그래도 흉막에 물이 차 있는 것을 알게 된 이상 정기적으로 병원에 다니면서 지켜보는 게 좋겠다고 설득했다.

'만약에 그때 병원에 다니기를 그만뒀더라면 지금 나는 어떤 모

습으로 살아가고 있을까?'

 이후로는 계속 이런 후회 어린 상상을 셀 수도 없이 했다.
 조심하자는 담당 의사의 말을 딱히 뿌리칠 이유가 없었던 나는 계속 병원에 다녔고, 어느 날 초음파 검사에서 흉막에 혹이 보인다는 진단을 받았다. 당시로서는 1년여 만에 처음으로 뭔가를 찾아냈다는 사실만으로 속이 시원하게 느껴졌다. 의사는 간단한 수술을 통해 병명을 알 수 있을 것이라 했다.
 나의 첫 번째 수술은 3일이면 퇴원이 가능하다고 했을 만큼 가벼운 수술이었다(흉강경을 통해 흉막 사이에서 발견된 혹을 제거해내고 혹이 재발하는 것을 방지하기 위해서 흉막 사이를 유착하는 수술). 수술 전날, 마냥 즐거운 마음으로 입원을 해서 간호사와 농담을 나눴을 정도다.
 그런데 수술이 끝난 직후, 병실로 올라와 혼자서 누워 있을 때였다. 조금 늦어지시는 부모님을 기다리면서 수술 받은 몸을 가만히 내려다보고 있는데, 이상하게도 옷이 가슴께에서 심장 박동에 따라 들썩거리는 모습이 보였다.

 '어떻게 심장 뛰는 모습이 옷 밖으로 보이는 거지?'

 처음으로 뭔가 잘못되었다는 것을 느낀 순간이었다. 이유는 이랬다. 막상 수술에 들어갔는데 검사에서 보였던 혹은 없었다고 한다. 그래도 수술을 한 김에 흉막 유착술(폐결핵 등을 심하게 앓고 나면 심한 염증으로 인해 나뉘어 있던 폐 흉막 사이가 붙어버리는 것에 착안한 수술)을 시행했다. 물이 찰 수 있는 공간 자체를 없애면 더는 물이 차지 않을 것이라고 판단한 수술진의 결정이었다.

3일이면 퇴원할 수 있다는 예상과 달리 회복 기간이 한참 길어졌다. 겨우 집으로 돌아왔을 때에는 몸 상태가 이전과 이미 달라져 있었다. 계단을 오르내리거나 조금만 달려도 할아버지처럼 금세 숨이 차고 가슴 통증이 심했다. 몸을 잘 살펴보니 수술을 받은 쪽의 가슴통이 안으로 조금 꺼져 들어가 있었다.

하지만 병원에서는 앞으로 통원할 것 없이 집에서 운동하며 회복에 집중하면 된다고 했다. 그래서 처음에는 회복이 덜 된 이유이겠거니 생각했다. 그러나 수개월이 지나도록 밤새 통증에 시달리다가 아침에 겨우 잠이 드는 생활이 이어졌고, 결국 학교를 그만두고 집에서 회복에만 전념해야 했다. 급기야 폐에 다시 물이 차면서 이젠 걸음조차 천천히 걸어야 할 만큼 폐활량이 악화되었다.

그제야 막연히 회복을 기다리고 있던 마음이 와르르 무너져 내렸다. 즉시 병원을 찾아가, 수술을 했는데 상태가 이리 악화될 수 있느냐고 항의를 했다. 수술의는 다시 전처럼 몸을 되돌려줄 수 있으니 걱정하지 말라며 두 번째 수술을 권했다.

"사람의 폐는 마치 풍선과 같은 거예요. 그러니 유착시킨 부위를 떼어내고 3일 정도만 중환자실에 있는 기계로 바람을 불어 넣어 찌그러진 폐를 다시 부풀려주면 됩니다."

유착시켰던 흉막을 다시 떼어낸 뒤, 유착으로 꺼져 들어간 부분에 인공뼈를 만들어 넣어 흉곽 변형을 복구하는 수술을 하라는 것이었다. 그 말을 듣자마자 이 수술을 절대 받아서는 안 된다는 직감이 강하게 들었다. 그리고 다른 방법을 찾아보기 위해 여러 병원들을 돌기 시작했다. 하지만 타 병원에서는 한결같이 난색을 표했다.

"폐 흉막에 물이 차는 일은 성장기에 성장 불균형 증상으로 드물게 있을 수 있는 일이에요. 그냥 기다리면 나았을 텐데, 왜 이렇게 어린 나이에 벌써 수술을 받은 거예요?"

이미 다른 곳에서 수술을 받아 문제가 생긴 환자를 받아주기가 곤란하다는 입장이었다. 이제 다른 어디에도 갈 수 없다는 사실을 알게 되자 어쩔 수 없이 두 번째 수술을 받으러 그 병원으로 돌아와야 했다. 이번 입원이 내 삶을 완전히 바꾸어버릴 줄은 꿈에도 모른 채….

만약에 그때 병원에 다니기를 그만뒀더라면
지금 나는 어떤 모습으로 살아가고 있을까?

말괄량이
중학생

●

　가족과의 추억을 떠올릴 때면, 등산을 갈 적마다 늘 산꼭대기에 홀로 앉아서 뒤처진 가족들을 기다리던 모습이 생각난다. 가족들의 배낭을 대신 들고도 무거운 줄 모르고 앞서 산에 오르던 때였다. 건강했던 어릴 적에는 길쭉한 키에, 언젠가 트럭에 치였을 때에도 멀쩡했던 뼈대를 가졌고, 그 흔한 몸살조차 앓아본 적이 없을 만큼 튼튼함을 타고난 아이였다. 환자가 된 지금도 여전히 힘이 넘치니까, 타고난 것은 그리 쉽게 사라지지 않는 건지 모른다. 동네에서 안 올라가본 나무가 없을 정도로 성격도 발랄했다.
　부모님 두 분 다 매일 교회에서 살다시피 하시던 분들이라, 어릴 적부터 부모님을 따라 신앙 훈련을 열심히 받았다. 기본적으로 교회에서 드리는 예배는 모두 참석했는데, 당시에는 방학이 되면 늦잠을 잘 수 있다고 좋아라 하던 친구들을 얼마나 부러워했는지 모른다. 학교는 방학을 맞아도, 새벽기도회는 방학이라는 게 없었던 탓이다. 가정예배를 드릴 때는 끝까지 무릎을 꿇고 있지 않으면 혼이 났다. 1시간가량 예배를 드리고 있자면 무릎 사이에 땀이 차고 다리가 저려오는 아픔을 참아내야 했다.

텔레비전 시청이나 컴퓨터 게임 같은 오락은 일체 금지되어 있던 우리집에서 그나마 재미를 찾을 만한 것은 아무도 손을 대주지 않아 먼지를 뒤집어쓰고 있는 위인전과 세계명작소설 전집뿐이었다. 그리고 언젠가 '우상의 기원이 인형'이라는 내용의 설교가 유행했던 탓에 장난감마저 사라진 집에는 달랑 아프리카 북 하나가 남아 있었다. 매번 높은 책장 위를 기어올라 책을 꺼내 읽다가 슬슬 지겨워질 때면 언니와 둘이서 아프리카 북을 치면서 춤을 추며 놀았고, 그것도 지겨워질 즈음 다시 책을 읽었다.

그런 단조로운 날을 보내는 동안 말괄량이는 하루빨리 어른이 되기만을 꿈꾸었다. 7살 때부터 읽기 시작한 소설책들의 영향 때문인지, 평균보다는 일찍 사춘기를 맞이했는데, 그때부터는 웬일인지 그렇게나 엄격하시던 부모님이 점점 통제를 풀어주셨다. 통제가 느슨해지자마자 나는 직접 만든 종이 꽃다발 따위의 공예품을 팔아서 용돈을 벌거나, 난민과 기아를 돕겠다며 NGO의 모금함을 들고 돌아다니는 당찬 꼬마 아이가 되었다.

언젠가 부모님도 "어릴 적부터 네게 걸었던 기대가 컸다"고 말씀하신 적이 있다. 고슴도치도 제 새끼는 함함하다고 한다지만, 정작 그런 기대를 받았던 고슴도치 새끼는 제가 정말로 대단하다고 여겼다. 고작 생계를 걱정하는 어른들이 우스워 보였고, 아주 조금만 제 뜻대로 되어도 금세 콧대가 우쭐해졌다. 영화 속의 비범한 주인공처럼 제 앞에도 멋지고 특별한 상황이 펼쳐지기를 꿈꾸고 있었다. 일찍부터 아주 심각한 중2병에 걸려 있었다는 얘기다.

유치했지만 즐거웠던 나의 유년 시절은 이랬다. 겨우 초등학교를 졸업했던 2001년도, 전 세계가 밀레니엄을 맞고 열광하던 그때, 그렇게나 자신만만하고 당찼던 인생은 상상도 할 수 없는 방향으로 흘러가고 있었다.

때 이른 사춘기로 진작부터 어른 행세를 하던 아이는 드디어 중학생이 되었다. 교복을 입을 때마다 왠지 모를 뿌듯함에 휩싸이던 14살의 아이는 계속해서 세상의 모든 것에 대해 스스로 의심하기 시작했다. 예를 들면, '정말 신이 존재할까?', '학교에서 배우는 내용들이 내 삶에 과연 의미가 있을까?' 하는 질문들을 생각하느라 종종 밤을 새웠다. 한창 타인의 안목에 신경을 쓰고 있었기에 매일 혼자 거울을 보면서 예쁘게 웃는 연습을 하는 아이이기도 했다.

그렇게 사춘기의 마음이 어른과 아이 사이를 바쁘게 오가고 있을 때 하나님이 조용히 문을 두드리시기 시작했다. 갑자기 교회에서 중고등학생 중심의 부흥회와 신앙 훈련 모임들이 생겨나기 시작하더니, 청소년들 사이에 영적 부흥이 일어났던 것이다. 가장 먼저는 종종 예배 시간에 몰래 빠져나와서 함께 놀았던 주변의 언니, 오빠들이 큰 변화를 받았다. 그리고 중2병에 걸려 있던 탓에 열심히 그들을 따라다니던 내게도 금세 여파가 미쳤다.

어느 토요일 오후, 교회 앞마당을 지나다가 때마침 교회에 모여 있던 언니들에게 붙잡혔다. 양팔을 꼭 붙들린 채 그대로 '말씀기도찬양'이라는 소모임에 참석하게 되었는데, 그곳에서 난생처음으로 신앙에 대한 열정에 사로잡혔다. 아마도 변화는 그때부터 시작되었을 것이다. 그곳에서는 주님을 따르는 제자의 삶에 대해 가르쳐주었다. 하나님을 믿는 것이 바로 그분의 제자가 되는 것이라면, 스승에게는 필히 뭔가를 배워야 하는 거였다. 변화된 언니들의 모습을 보면서 나도 그들처럼 평생 동안 익숙하게 들어왔던 믿음을 넘어서는 능동적인 믿음을 가지고 싶었다.

병원에 완전히 들어오기 전까지 1-2년 동안 그곳에서 제자훈련을 받았는데, 결국 하나님을 좇아 나 자신의 안락보다 타인을 위해서 살아가고 싶다는 마음을 품게 되었다. 타인에게 딱히 관심이 없던 사람으로서는 갑자기 그런 선한 꿈을 가지게 되었다는 것이 신기해서 상당히 놀랐던 것으로 기억한다.

  이후 긴 입원 생활을 시작하게 되었을 때에도 그때 믿어진 단 하나의 성경 말씀이 마음속에 오래오래 남아 있었다. 그 말씀은 하나님이 기적처럼 심어주신 선한 꿈을 기억하게 했고, 그 소망은 고난을 이기게 하는 믿음이 되어 나를 몇 번이고 붙잡아주었다.

> 너희 안에서 착한 일을 시작하신 이가 그리스도 예수의 날까지 이루실 줄을 우리는 확신하노라(빌 1:6).

어쩌다가
여기까지 왔을까?

●

두 번째 수술 이후 본격적인 입원 생활이 시작되었다. 긴 여정의 출발지는 중환자실이었다. 수술을 받고 깨어나자마자 이전과는 비교할 수 없는, 상상조차 못했던 고통이 기다리고 있었다.

'의사 선생님의 말씀대로 3일만 참고 견디면 되겠지.'

이를 악물고 버텼지만 3일은 일주일이 되었고, 일주일은 한 달이 되어갔다. 중환자실에서 머무는 시간이 길어질수록 수술 경과가 좋지 않다는 것임을 알아차렸다.
그러나 이렇게 기가 막히게 꼬여버린 상황 속에서도 나는 이상

하리만치 내 상태가 거의 걱정되지 않았다. 그저 머릿속은 뒤처진 학업에 대한 고민으로 가득했다. 왜 그랬을까? 사실 그 상황에서 나는 너무 무력한 존재였다. 어느 누구도 나를 도와줄 수 없었다. 그저 울기만 하시는 부모님, 자꾸만 변명을 늘어놓는 의료진 역시 이 문제를 해결할 만한 능력이 없어 보였다. 나를 도와주실 분은 오직 하나님 한 분뿐이셨다.

걱정과 좌절로 마음이 흔들릴 때면 나는 하나님이 곧 이 문제에 개입해주시리라 믿으며 내게 찾아드는 불안과 두려움을 거절해냈다. 이제는 의료적 개입이나 회복에 대한 의지, 그 무엇도 아닌 오직 믿음으로 이 재앙을 해결해야 하는 상황이었다.

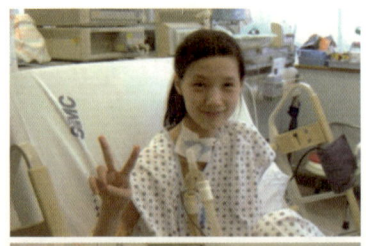

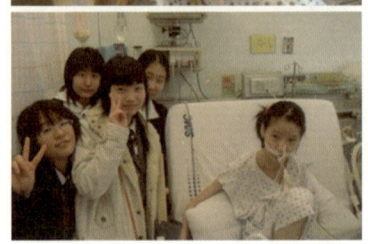

10대의 어느 날, 나는 온몸에 뼈만 앙상하게 남은 시한부 환자가 되어서 입으로 연결된 호스를 통해 간신히 숨을 쉬며 살아 있었다.

당시에 심한 고통을 당하게 된 속사정은 이러했다. 수술을 통해 몸에 들어온 인공뼈가 심한 염증 반응을 일으켰는데, 염증이 너무 심한 탓에 피부가 녹아서 몸밖에서도 인공뼈가 들여다보일 정도였다. 그런 인공뼈가 몸속에서 움직이며 모든 것을 망가뜨리기 시작했다. 심장과 여러 주요 장기들이 짓눌리고 갈비뼈가 부러져 나갔다.

몸속 사정이 이러했으니 1년이 넘도록 중환자실을 떠나지 못하게 된 것이 당연했다. 갈비뼈는 점차 소실되어 사라지고 척추와 흉곽 역시 무너져 내리고 있었다. 그런 문제를 덮고자 여러 번의 크고 작은 수술이 간간이 이어졌다.

처음에는 회복에 시간이 좀 걸리는 것뿐이라 말하던 의사가 나중에는 대놓고 얼마 못 가서 죽게 될 것이라고 말하기 시작했다. 나는 이미 아무런 회복 가망이 없는 시한부 환자가 되어 있었던 것이다. 극심한 고통은 나아지지 않고 의사들은 계속해서 내게 시한부 선고를 내렸지만 그럴수록 오히려 내 마음은 더 담담해졌다. 누가 뭐라고 한들 이 모든 상황이 단번에 반전될 것이라는 확신이 있었다.

'몸이 좀 더 많이 상해도 상관없잖아? 그럴수록 하나님의 기적은 더욱 커질 뿐인 걸?'

내가 이대로 끝까지 믿음만 잘 붙들고 있으면 곧 기적을 경험할 수 있을 것이라 믿었다. 조금만, 아주 조금만 더 기다리면 어린 나이에 죽음의 풍파까지도 이겨낸 더욱 비범하고 위대한 사람이 될 예정이었다. 누가 뭐라고 한들, 그럴수록 나는 절대로 믿음을 잃어서는 안 되었다. 하지만 아무리 기다려도 하나님의 기적은 나타날 기미가 없었다. 대신 날이 갈수록 끔찍한 고통이 시험처럼 더해지고 있었다.

24시간 내내 눈이 부시도록 켜져 있는 노란색 전등, "삐익삐익" 사방에서 쉴 새 없이 울려대는 경보 소리가 고통받는 이들의 마음을 불안하게 하는 곳. 이곳은 죽음이 절박해지는 중환자실이다. 어느새 나는 온몸에 뼈만 앙상하게 남은 시한부 환자가 되어서 입으로 연결된 호스를 통해 간신히 숨을 쉬며 살아 있었다.

그런 방식의 기계 호흡은 도저히 맨정신으로는 견뎌내기가 어려운 일이었다. 머리로는 분명히 입에 있는 호스를 뽑으면 안 된다고 생각하고 있었는데, 잠시라도 의식이 흐려지면 손이 저절로 올라가서 호스를 뽑아버리고 말았다. 그래서 결국 나는 침대 난간에 손이 묶이고 말았다.

온몸에 퍼진 극도의 고통은 진통제 주사를 아무리 맞고 또 맞아도 잦아들지 않았다. 마약성 진통제조차 효과가 오래 지속되지 못했기 때문에 늘 진통제를 더 달라고 조르던 나는 이미 그곳에서 '마약 중독자'라는 의미의 "뽕쟁이"로 불리고 있었다. 그리고 염증 때문에 가장 강력한 항생제였던 반코마이신을 끊임없이 사용했다.

일반적으로 같은 항생제는 일정 기간을 넘겨서 사용하지 않는다. 같은 항생제를 오래 쓰다 보면 해당 항생제에 내성을 가진 돌연변이 균이 생겨나기 때문이다. 특히 반코마이신은 병원 창사 이래로 전신이 바스러진 환자조차도 한 달 반을 쓴 것이 최대였는데, 이 약을 이기는 돌연변이 균이 생겨나면 더 이상 그 균을 잡아낼 방도가 없었기 때문이다.

하지만 내가 이 항생제를 1년이 넘도록 계속 맞게 되면서 이 병원에서 항생제 사용 기간의 신기록을 세웠다. 내성균의 위험성 때문에 자주 면역 검사를 받아야 했고, 될 수 있으면 다른 항생제로 대체해보려고 끊임없이 시도했지만 그때마다 곧바로 심한 고열이 생겨서 도저히 약을 바꿀 수 없었다.

이렇게 당하는 고통만으로는 부족했던 것일까? 어느 날부터인가 나를 위해준다고 생각했던 의료진들이 조금씩 차갑게 변하기 시작했다. 가뜩이나 고통스러운 그곳에서 점점 외면까지 당하기 시작한 데에는 사정이 있었다.

당시 아이를 중환자실에 맡긴 채 수개월째 발만 동동 구르시던 부모님은 무언가 심히 잘못되고 있다는 것을 직감하고 계셨다. 하지만 무엇보다도 우선은 아이가 위중한 상태에서 벗어나야 했기 때문에 묵묵히 이후의 수술과 치료에 기대를 거셨다. 그러나 의사가 끝내 아이의 생명을 포기해버렸을 때 여전히 회복에 대한 희망을 버릴 수 없으셨던 부모님은 의사와 병원에 생명의 책임을 묻기 시작하셨다.

그런 사정도 모른 채 하루아침에 골칫덩이로 전락해버린 환자는 격리된 그 자리에서 미운 오리 새끼가 되었다. 얼마 전만 해도 평범했던 10대 소녀가 침대에서 대소변을 봐야 하는 중환자가 되었을 때, 그때마다 곁에서 도와주던 사람들이 면박을 주거나 불쾌한 내색을 내비치기 시작했을 때, 그때부터는 정말이지 미칠 지경이었다.

그것도 모자라 나는 가끔씩 약해진 몸을 제대로 가누지 못해 수치스러운 실수를 했다. 그런 순간이면 당장이라도 죽고 싶을 정도로 비참했다. 그러나 고작 울면서 내가 할 수 있는 건 '이제 내가 사람이라는 사실을 그만 잊어야겠다'고 결심하는 것뿐이었다.

이런 지독한 현실에서 잠시라도 도피하고 싶어서 늘 잠들기를 바랐다. 하지만 고통 때문에 종종 의식을 잃을 때에만 잠시 좀 수 있었다. 그 짧은 틈에는 종종 행복한 꿈을 꾸곤 했다. 꿈속의 나는 여전히 건강했고 가족들과 함께 평범한 삶을 살아가고 있었다. 그 달콤한 꿈에 젖어들 때면 나는 매번 홀딱 속아서 괴로웠던 그 모든 일이 그저 악몽일 뿐이었다고 굳게 믿었다. 그러나 덧없는 꿈에서 깨어나면 하얀 바탕에 까만 점들이 가득히 박혀 있는 낯선 천장을 바라보며 혼란스럽게 중얼거렸다.

'대체… 여기가 어디지?'

이윽고 여기가 어딘지 똑똑히 알게 되면 다시 한 번 좌절을 느꼈다. 이러한 일이 셀 수 없이 반복되자, 드디어 나는 이 끔찍한 고통과 외로움 속에서 비참하게 살아가느니 죽는 게 훨씬 낫겠다는 생각을 했다. 혹시나 주사약을 통한 쇼크로 죽을 수 있지 않을까 싶어 링거 장치를 잡았다 놨다 하기도 하고, 간호사가 잠시 내려놓고 간 가위를 주워 들고 스스로를 단번에 찔러버릴까 망설이기도 했다.

그러나 스스로 생명을 끊는 일만은 도저히 할 수가 없었다. 죽음 앞에서 번번이 나를 막아서는 어떤 믿음, 곧 생명의 주인이 결코 내가 아니라는 믿음이 있었기 때문이다. 그리고 그것 때문에 항상 골치가 아팠다.

'내 것도 아닌 생명을 내 마음대로 버려버린다면 그것은 결국 내 생명을 소유하고 계시는 하나님을 인정하지 않는다는 말이 아닐까?'

이 순간의 고통을 피하려다가 믿음을 잃어버린다면 나의 죽음이 그렇게도 바라던 안식이 아니라 오히려 영원한 고통 속으로 들어가는 입구가 되어버릴까 두려웠다.

'어쩌다가 나는 여기까지 와버린 걸까? 분명 앞날이 창창했는데, 그렇게도 건강하고 자신감이 넘쳤는데, 그토록 힘들어도 믿음을 놓지 않았는데…. 구원을 주셔야 할 하나님은 왜 아직도 음성이든 뭐든 아무것도 들려주시지 않을까?'

그러나 스스로 생명을 끊는 일만은 도저히 할 수가 없었다.
죽음 앞에서 번번이 나를 막아서는 어떤 믿음, 곧 생명의 주인이
결코 내가 아니라는 믿음이 있었기 때문이다. 그리고 그것 때문에 항상 골치가 아팠다.

길을
만들어주세요

●

하나님이 침묵으로 일관하시더라도 그분과 나 사이에는 성경이라는 유일한 통로가 남아 있었다. 가만히 있기에는 너무도 절박했던 터라 그렇게까지 응답해주시지 않는다면 성경을 처음부터 샅샅이 뒤져서라도 하나님의 뜻을 찾아내고야 말겠다고 결심했다. 그때부터 성경을 한 구절, 한 구절 읽을 때마다 멈춰 서서 하나님께 묻고 또 물었다.

"제발… 이 중에서 단 하나만이라도 알아듣게 해주세요. 어떤 말이라도 좋으니, 뭐라도 응답을 해주세요."

말씀을 읽다가 아브라함이나 모세, 다윗 같은 사람들이 하나님과 대화하는 대목이 나오면 부럽다 못해 화가 치밀었다.

'다 똑같은 인간인데 하나님은 왜 저만 이렇게 안 만나주시는 건가요?'

면회를 오신 엄마마저 요즘 교회에 있는 친구들이 은혜를 받고 성령으로 충만하게 되었다며, "너도 어서 친구들처럼 은혜를 받도록 간절히 기도를 해봐. 이제는 너도 성령 충만해져서 하나님의 응답을 받아야 되지 않겠니!"라고 나를 채근하실 때면 정말 '미치도록' 억울할 따름이었다.

목숨까지도 내걸고 오직 하나님만을 간절히 바라보고 있는데, 도대체 뭐가 그렇게 부족해서 내게만은 응답을 주시지 않을까? 어느 누구도 나보다 절박하지 않을 것 같은데, 그들은 어떻게 그리 쉽게 성령 충만해질 수 있었을까? 오지도 않는 응답을 매일 기다리고 있으니 마음속에서 자꾸 의심만 늘어갔다.

'내게 응답해주실 하나님이 없어서 이런 거라면… 지금까지 드린 기도가 단지 허공을 치는 부질없는 소리였다면… 그렇다면 이제 어떻게 되는 걸까?'

의심이 늘어나니 이내 불안이 찾아왔다. 평생 하나님을 믿어왔다고 생각했는데 이제는 하나님이 과연 살아 계신 분인지, 그분의 존재 자체에 대한 믿음이 흔들리기 시작했다.

'어떻게 이리 마지막까지도 아무런 응답이 없으실까? 내가 정말로 하나님의 자녀라면 아버지라는 분이 이렇게까지 묵묵부답이실 리가 없을 텐데.'

한순간에 찾아든 의심이, 그래도 죽지만 않으면 끝내는 하나님께 응답을 받게 될 것이라 믿었던 마지막 소망까지 전부 앗아가 버렸다. 아무래도 이 세상에는 신이 없거나 설사 계신다 하더라도 나는 그분께 택함을 받지 못한 게 틀림없었다. 이제는 하나님을 기다릴 수조차 없었다. 매일 두 번의 면회마다 내 모습을 보며 괴로워하시는 부모님을 뵐 때면 그저 살아 있는 것만으로도 큰 불효가 되는 것 같았다. 차라리 모두에게 단번에 잊혀 애초에 태어나지도 않았던 존재처럼 '무'(無)가 되고 싶었다.

이전에는 이렇게까지 고통을 당할 바에야 빨리 천국에 가고 싶다고 기도할 수나 있었지만 이제는 죽는다 해도 구원을 받지 못할 것 같아 두려웠다. 평생 동안 배웠던 하나님이라는 존재가 이제는 나에게 짐이 되었으니까 하나님이고, 구원이고, 천국이고, 지옥이고 그냥 아무것도 없었으면 했다. 이미 오랜 시간을 마치 지옥에 있는 것 같은 고통에 시달리고 있었지만 이제 내 마음은 그보다도 더 지옥 같았다. 그래서 좀처럼 부정할 수 없는 하나님이라는 존재를 향해 울며 생떼를 부리기 시작했다.

"내가 당신의 자녀가 아니라면 지금이라도 당장 나를 선택해주세요. 그냥 자녀로 받아들여주시면 되잖아요. 믿음으로 자녀가 된다는 건 알지만, 믿고 싶다고 마음대로 믿어지지가 않는데 대체 어떡하라는 거예요?"

온유의 일기
중환자실에서 1

- 오늘은 창세기를 읽었다. 야곱이 요셉을 잃고 애통하며 사람들의 위로도 거절한 채 자신도 음부로 내려가 아들에게로 갈 것이라고 말하는 장면에서 너무나 마음이 아팠다. 그래서 또 한참을 울었다. 우리 엄마, 아빠도 나 때문에 마음이 너무 아프시겠지. 부모의 고통은 너무 큰 것 같다.
하나님, 엄마와 아빠의 마음을 위해서라도 제 고난의 시간을 길게 하지 마시고 반드시 회복시켜주세요. 주님께만, 오직 주님께만 희망이 있습니다. 제 모든 것을 주님께 맡기고 의지했으니 제가 죽으면 주께서 죽이신 것이고 제가 나아도 주님이 낫게 하신, 주님의 영광일 것입니다. _2004년 2월 11일

- 오늘 처음으로 전신 거울로 저를 봤는데… 주님, 정말 모르는 사람 같았어요. 너무나 말라서 전혀 다른 사람이 되어버렸습니다. 저를 보면서 엄마, 아빠의 마음은 얼마나 슬펐을까요? 저같이 철없는 아이도 엄마, 아빠 얼굴의 주름을 보고 많이 울었는데 제가 이렇게 변해버렸으니 그분들은 오죽하셨을까요?
하나님, 도와주세요. 하나님 아버지 외에는 다른 치료자가 없다는 것이 명백해졌고 저도 알고 있어요. 기도가 빨리 응답되려면 어떻게 해야 하죠? 십자가 보혈이 가슴에 와 닿도록 성령님, 역사해주세요. 열심히 찬송하고 성경 읽으

면서 기도하며 기다릴게요. 빠른 시일 안에 제 안으로 오세요. 예수님의 이름으로 기도합니다. 아멘. _2004년 2월 18일

- 하나님, 제 영혼이…, 제 영혼이 주님의 발 앞에 엎드립니다. 자비로우신 내 주님, 병든 이 사람을 치료해주세요. 병상을 적신 눈물과 간구를 기억해주세요. 마음과 몸이 너무 괴롭습니다. 정말 힘들어 견딜 수가 없어요. 주님, 제발 저를 돌아봐주세요. 더 이상 외면하거나 지체하지 말아주세요. 헛된 길을 헤매지 않게 해달라거나 더 나은 길로 가게 해달라는 것이 아닙니다. 길이 없습니다. 그러니 길을 만들어주세요. 더 이상 버틸 수가 없습니다. 너무 괴로워서 차라리 심판받지 않는 구더기라도 되고 싶어요. 저는 가족에게 짐이 되었습니다. 부모님이 면회 오시면 그립고 기쁜 마음보다 미안한 마음이 더 큽니다. 제가 부모님을 얽매어놓은 것 같습니다.
하나님, 세상에 사랑을 주심에 감사합니다. 주님이 사랑이심을 찬양합니다. 저를 사랑으로 감싸주세요. 나의 주 예수 그리스도의 이름으로 기도합니다. 아멘. _2004년 2월 22일

온유의 만화 - 아빠 편

1. 10대 시절, 아빠에 관한 일기이다

2. 앰부 봉사가 시작되기 전까지 아빠는 거의 매일 병원에 출퇴근을 하셨다

3. 아침 식사가 나오면 늘 나를 깨우셨는데

4. 겨우 일어나면 곧바로 밥상을 차려주셨고

2

중환자실에서
만난_
하나님 이야기

숨 쉬지
못해도
괜찮아

믿음이라는
말의 의미

●

성경 속에서 하나님의 대답을 찾고자 했던 여정이 어느새 신약 성경에까지 이르렀다.

'정말로 하나님이 계실까? 예수가 진짜로 이 세상의 구세주일까? 진짜 구세주가 아니면 사기꾼인 거잖아?'

마치 예수라는 존재를 난생처음 보는 것처럼, 아주 작은 말 하나에도 의심의 날을 잔뜩 세웠다. 그러나 이성적으로 구세주의 진위를 분별해보려던 결심은 막상 예수님의 존재와 그분의 말씀 앞에 서자 허물어지고 있었다. 오히려 4개나 되는 복음서를 통해 예수라는 비범하신 존재를 연거푸 읽어갈수록 그분이 하신 말씀들이 정말로 신의 지혜라고 느껴지기 시작했다. 결국 예수님의 약속들이 하나둘 믿어지면서 나는 구세주로 오신 하나님을 만나게 되었다.

예수님이 하나님에 대해 증언하시는 이야기를 읽어나가자 신기하게도 더 이상 하나님의 존재를 의심하는 마음이 일지 않았다. 그리고 나는 그렇게도 기다렸던 나를 향한 주님의 응답을 받았다.

> 아버지께서 나에게 주시는 사람은 다 내게로 올 것이요, 또 내게로 오는 사람은, 내가 물리치지 않을 것이다. …나를 보내신 분의 뜻은, 내게 주신 사람을 내가 하나도 잃어버리지 않고, 마지막 날에 모두 살리는 일이다. 또한 아들을 보고 그를 믿는 사람이면 누구나 영원한 생명을 얻게 하시는 것이 내 아버지의 뜻이다. 나는 마지막 날에 그들을 다시 살릴 것이다(요 6:37-40, 표준새번역).

언제부턴가 나는 그 어떤 응답보다 구원의 확신을 얻기를 더욱 간절히 바라고 있었을지도 모른다. 왜냐하면 이제 나는 죽음 외에 아무것도 바라는 게 없었고, 용케 기적을 얻는다 해도 회복의 기간을 버티며 살아가고 싶은 마음이 없었기 때문이다. 그저 살아 있기에 당해야 하는 걱정과 고통들이 그만 끝나기를 바랐고,

최소한 평안하게 죽음을 기다릴 수 있기만 원했을 뿐이다. 그런데 예수님의 응답을 듣게 된 그 순간, 밀려드는 벅찬 기쁨을 감당할 수 없어 두 눈에서 눈물이 끊이지 않고 흘렀다.

  가장 믿음직하신 예수님을 통해 내가 이미 하나님의 자녀였다는 사실이 깨달아진 순간, 예수님의 존재는 내게 새로운 의미로 다가왔다. 여태까지 그분의 존재가 이처럼 절실히 와 닿은 적이 한 번도 없었다는 게 믿기지 않을 정도였다.

  모태신앙인이었으니, '예수님의 십자가로 내 죄 사함을 받았고 이를 믿기만 하면 하나님의 자녀가 된다'는 공식을 100만 번쯤은 들었다. 그리고 언제나 별 거부감 없이 그 사실을 믿어왔기에 내가 하나님의 자녀임을 의심해본 적이 없었다. 원래부터 내 것이던 구원을 두고 새삼스레 기뻐할 리가 없었고, 자식이라면 당연히 받는 사랑에 감격할 리도 없었다. 그렇게 나는 모태신앙인의 함정인 표면적이고 얕은 지식에 갇혀 정작 예수 그리스도를 잘 모르는 그리스도인으로 살았던 것 같다.

  그러다가 예수님을 만나고 나니, 그분을 통하지 않으면 인간은 결코 하나님을 알 수조차 없는 존재라는 사실이 깨달아졌다. 예수님을 믿는다는 것이 단순히 십자가 사건을 인정하는 차원의 것이 아님을 알게 되었다. 왜냐하면 사탄 역시 예수께서 세상을 구원하기 위해 목숨을 바치셨다는 사실을 아주 잘 알고 있기 때문이다. 언젠가 십자가 사랑에 관해 이런 말을 들은 적이 있다.

"예수님처럼 누군가를 위해 대신 죽을 수 있는 것이야말로 가장 크고 위대한 사랑이란다."

하지만 나는 '대신해서 죽는다'는 사랑의 개념이 왠지 싫었다. 나를 사랑하는 누군가의 희생으로 내가 대신 살아가게 되는 비극은 결코 좋은 사랑이라고 생각되지 않았기 때문이다. 하지만 하나님 그 자체이신 예수님이 보여주신 사랑은, 물론 죽을 수밖에 없는 나를 대신해 죽으시기도 했지만 결코 거기에서 끝나버리는 사랑이 아니었다. 너무나 사랑하기에 죽음마저 이기고 다시금 곁으로 돌아오는 사랑, 그리고 영원토록 나와 함께하는 완전한 사랑이었다.

나는 그제야 '믿음'이라는 말의 진정한 의미가 무엇인지 알 것 같았다. 믿음이란, 나를 향한 그분의 사랑이 영원하다는 사실을 알게 되었기에 마땅히 사랑하고 신뢰할 수밖에 없는 예수님과의 인격적인 동행이자 사랑의 시작이었다.

일찍이 하나님을 본 사람이 없으나, 아버지의 품속에 계시는 독생자이신 하나님이 그분을 나타내 보이셨다(요 1:18, 표준새번역).

"지금 바로 주님께로 갈게요. 이런 바보를 당신의 자녀로 받아주셔서 감사해요."

응답을 받자마자 나는 그 즉시 예수님을 내 사랑의 주님으로 모셔 들였다. 그제야 삶과 죽음을 모두 두려워하던 어두운 시절이 끝났다. 그때부터는 아프고, 무력하고, 답답할 때마다 그냥 하나님 앞에서 마음 놓고 울 수 있었다.

그리고 그렇게 할 때마다 하나님은 두려워하는 내 마음속에 평안과 자유를 창조해내셨다. 그것은 죽음이 가져다주는 두려움까지도 극복할 수 있는 진정한 자유여서, 이제는 언제 죽음이 찾아온다고 해도 두렵지가 않고, 또 보이지 않는 앞날을 향해 계속 살아가야 한다고 생각해도 겁나지 않다. 그때부터 다시 소망이라는 것을 가질 수 있었다. 나의 어떠함과 관계없이 내가 하나님의 영원한 사랑을 받는 자녀라는 사실이 믿어지자 그 가혹한 중환자실도 더 이상 살아남지 못할 곳은 아니었다.

ps.119

　●
　이전과 다를 바 없는 극한의 상황이라도 이제는 기쁘고 감사할 일들이 보이기 시작했다. 잠시 통증을 잊어보려고 영화를 틀어놓아도 사람이 지어낸 이야기의 뒤편에서 손짓하시는 하나님을 볼 수 있었고, 흔한 사랑 노래를 들을 때면 하나님께 불러드리고 싶은 고백 같아서 눈시울이 붉어졌다. 게다가 성경을 펼칠 때마다 단 한 번도 빠짐없이 놀라운 경험을 했다. 아무런 감동 없이 성경을 읽게 되는 일이 없어진 것이다. 하나님이 매번 말씀을 풀어주셨기에 꿀보다 달콤한 깨달음을 맛볼 수 있었.
　성경이 새롭게 보이면서, 동시에 신기하고 특별한 경험들이 시작되었다. 그중 하나가 시편이 좋아진 것이었다. 나는 어릴 적부터 이야기의 재미에 푹 빠져 있었기 때문에 성경에서도 이야기처럼 쓰인 역사서나 복음서를 좋아했다. 교회학교에서 성경읽기 대회가 열리는 날이면, 친구들은 금세 읽을 수 있는 짤막한 시편이 제일 좋다고 했지만 나는 왠지 시편을 읽을 차례가 되면 지루해서 하품부터 나왔다. '생판 모르는 고대 사람들이 드렸던 기도를 대체 무슨 이유로 읽어야 하는 것일까?' 하는 의문을 가졌고, 150개나 되는, 통 비슷비슷하기만 한 내용이 그저 지겹다고 여겼을 뿐이다.

하지만 그렇게도 지겹던 시편이 눈에 들어오기 시작하자 시대며 사상이며 지금과는 모든 것이 달랐을 그때의 고백이 어떻게 지금의 내 마음과 이리도 똑같을 수 있는지, 내 눈을 의심해야 했다. 그때부터는 기도도 하기 힘들 만큼 지친 날이면 마치 그런 심정을 그대로 옮겨놓은 것 같은 시편으로 하나님께 내 마음을 아뢰었다.

> 나는 길을 잃은 양처럼 방황하고 있습니다. 오셔서, 주의 종을 찾아 주십시오. 나는 주의 계명을 잊은 적이 없습니다(시 119:176, 표준새번역).

중환자실 생활이 길어지면서 결국 호흡을 위해 목에 구멍을 내게 되었다. 그동안 입에 꽂아 넣은 두꺼운 호스로 숨을 쉬느라 굉장히 고통스러웠기 때문이다. 호스가 연결된 입과 목구멍은 계속해서 찢어지고 입 안은 바짝 말라 타들어가는 그런 고통이었다.

언제부터인가 의사들은 기도를 절개해 숨 구멍을 내면 고통이 훨씬 줄어들 것이라고 나를 설득하고 있었다. 하지만 조금만 더 기다리면 호흡이 곧 돌아올 줄로 알았기 때문에 평생토록 목에 큰 흉터가 남는 수술을 쉽게 받을 수는 없었다. 결국 어쩔 수 없이 기도 절개를 하게 되었을 때에는 그간 기대해왔던 것과 어긋나버리는 상황에 마음이 몹시 힘들었다.

하지만 막상 수술을 받고 나니 감사하다는 말밖에는 나오지 않았다. 아픔이 줄어든 것도 기뻤지만, 기도를 절개하니 음식을 삼킬 수 있었기 때문이다. 수개월 동안 말라붙는 입 안을 물 묻은 거즈로 적셔가며 지내다가 처음으로 달고 시원한 배 조각을 목구멍으로 삼켰을 때…! 아마도 그 순간의 감격과 기쁨은 평생토록 잊지 못할 것 같다. 지금도 맛있는 음식을 먹을 때면 진심 어린 최고의 감탄이 절로 튀어나온다.

"아, 행복해!"
"살아 있어서 정말 다행이야."

이 세상에 음식을 삼킬 때마다 그것이 곧 축복이고 기적임을 실감할 수 있는 사람이 몇이나 될까? 그래서 나는 그만큼이나 더 행복한 사람이 되었다.

온유의 일기_
중환자실에서 2

나와 함께하시며 내 소망이 되시는 주님, 힘들 때마다 또 즐거울 때마다 당신의 이름을 부를 수 있게 해주시니 감사합니다. 지금 저는 고통스럽지만 주님을 찬양합니다.

주님의 창조가 기이하고 아름다워서 사과 한 조각, 딸기 한 알을 봐도 신비로운 탄성이 절로 나옵니다. 주님은 어려서부터 저를 지키셨고 교통사고를 당했을 적에도 다친 발을 회복시켜주셨습니다. 저를 항상 보호하고 고쳐주셨던 주님을 기억하오니, 지금 이 기막힌 상황에서도 반드시 구원해주십시오. 주님, 고난 속에서 주님을 바라보고, 주님을 찬양하고, 주님의 사랑을 기다립니다. 감사하며 예수님의 이름으로 기도합니다. 아멘. _2004년 3월 15일

하나님은 두려워하는 내 마음속에
평안과 자유를 창조해내셨다.

구출 작전

●

의사조차 포기한 시한부 환자가 살아날 가능성은 전혀 없었다. 나는 여전히 매일 고비를 넘기고 이곳저곳에 문제가 생겨 수술과 처치를 받고 있었다. 그러다 가장 위급한 수술을 받게 되는 상황이 생겨났다. 거의 생명을 앗아갈 뻔했던 그 위험한 사건은 그동안 의사가 내렸던 수십 번의 시한부 선고를 무효로 만들어버린 하나님의 구출 작전의 시작이었다.

그날은 얼마 전부터 쇄골 근처에 알 수 없는 혹이 하나 생겨 조직 검사를 받게 된 날이었다. 당시 나는 극심한 고통에 매일 시달리고 있었기에 수술이나 검사를 받는 날이 오히려 반가웠다. 그날도 '처치하는 동안 재워둘 테니 오늘은 덜 아플 수 있겠구나' 생각하면서 주사를 놓는 의사의 모습을 빤히 바라보고 있었다.

그렇게 의식을 잃었다가 깨어나 보니 뭔가 심상치 않은 일이 벌어진 뒤였다. 담당 간호사가 눈을 뜬 나를 보더니 "온유가 깨어났어요!" 하면서 울기 시작했던 것이다. 내가 어리둥절하고 있자 누군가 그동안에 있었던 일을 설명해줬다.

의사가 혹으로 추정되는 부위를 여는 순간, 갑자기 피가 분수처럼 솟구쳐 나와서 주변이 온통 피바다가 되었다. 알고 보니 혹의 정체는 핏덩어리. 당시 인공뼈로 인해 쇄골 근처의 무명 정맥이 파열되어 있었던 것이다. 나는 급히 수술실로 이송되었고, 피를 너무 많이 흘린 탓에 수혈을 49팩이나 받았다.

의사들은 급히 무명 정맥을 찾고 봉합을 시도했는데, 수술을 하던 의사가 몇 번이고 나와서 가족들에게 임종을 준비하라고 당부했을 만큼 위험한 수술이었다고 한다. 당시 학회에 가던 담당 의사도 수술이 시작되었다는 얘기를 듣고 급히 공항에서 돌아와 함께 수술을 마무리했다. 이후 쉽사리 깨어나지를 못하더니 며칠 만에 겨우 의식을 되찾은 것이었다.

"그럼… 오늘이 며칠이에요?"

놀란 마음에 몸을 만져보니 무리한 수혈로 살갗이 많이 터져 있었다. 그런데 기적처럼 살아났다는 말을 듣는 순간, 기쁨보다 아쉬움이 밀려왔다.

'어떻게 이런 약한 몸으로 또 살아남았을까? 왜 나는 이런 기회에 천국에 가질 못하고, 기약도 없는 이곳으로 다시 돌아오게 됐을까….'

그런데 바로 그날, 수술에 함께 참여했다는 한 의사가 따로 우리 가족을 찾아왔다.

"부모님, 아이가 살기 위해서는 현재 가슴에 들어가 있는 인공뼈를 빼내야 해요. 직계 가족이라면 지금이라도 인공뼈를 빼달라고 의사에게 요청하실 수 있어요."

수술실 안에서 이미 여러 의사들이 인공뼈를 다시 넣는 것에 반대를 했지만, 담당 의사가 허락하지 않았기에 막을 수 없었다는 얘기였다. 그렇게 낯선 의사의 강한 권고를 들었을 때에야 비로소 우리는 그동안 품고 있던 의문이 풀리는 느낌이었다.

이후 가족들의 긴긴 싸움이 시작되었다. 담당 의사는 절대로 인공뼈를 제거해서는 안 된다는 입장을 고수했고, 가족들은 이미 시한부 선고를 받은 이상 다른 의사의 조언대로 인공뼈를 제거하

그렇게 의식을 잃었다가 깨어나 보니
뭔가 심상치 않은 일이 벌어진 뒤였다.
담당 간호사가 눈을 뜬 나를 보더니
"온유가 깨어났어요!" 하면서 울기 시작했던 것이다.

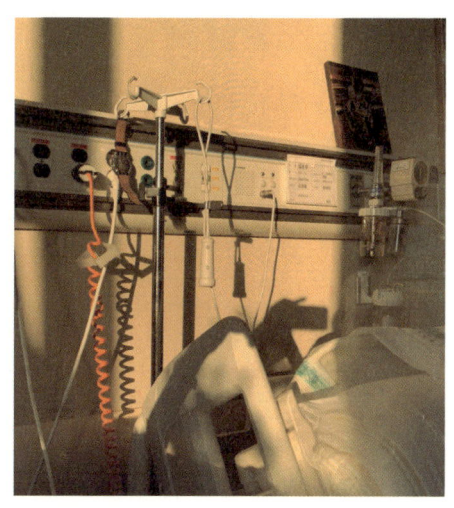

기를 원했기 때문이다. 몇 개월의 공방 끝에 마침내 담당 의사가 바뀌었고, 나는 수술을 받을 수 있게 되었다.

수술을 받으려면 먼저 체중부터 늘려야 한다는 새 의사의 말에 나는 치열한 노력을 시작했다. 그러나 약해진 몸은 갑작스럽게 늘어난 식사량을 좀처럼 감당하지 못했고, 억지로 먹은 음식은 다 토하게 되어 체중이 쉽게 늘지 않았다. 그제야 까맣게 잊고 있었던 주님이 생각났다.

"왜 여태 이 문제를 두고 기도하지 않았을까? 하나님, 그새 잊어버려서 미안해요."

기도를 하자마자 신기하리만치 금방 입맛이 돌았고 기적처럼 수술이 가능한 몸 상태가 되었다.

마침내 인공뼈 제거 수술을 받는 날이 되었다. 하지만 당시에는 몸이 매우 약해진 상태였기 때문에 대부분의 의료진들은 수술이 끝나자마자 혹은 수술이 끝나기도 전에 환자가 죽을 거라고 예상하고 있었다. 중환자실에는 임종이 가까운 환자 곁에 보호자가 잠시 머물 수 있게 해주는 방침이 있었기에, 내게도 엄마와 '마지막'을 함께 보낼 수 있는 시간이 주어졌다.

수술을 받고 깨어났을 때 엄마는 이미 내 곁에 앉아 귓가에 대고 끊임없이 찬양과 응원을 속삭이고 계셨다. 나는 너무 기진맥

진해서 고개를 베개에 묻은 채 엄마가 불러주시는 찬양을 듣고만 있었다. 얼마 후 엄마는 "힘을 내! 너는 할 수 있어, 온유야. 이제 따라 말하자"라고 하셨고, 나는 눈을 감은 채 계속 입 모양으로만 "예수님 이름으로 나는 할 수 있다. 이긴다"라고 따라 말했다.

너무 힘든 와중에도 귀에다 대고 엄마가 불러주신 그 잔잔한 찬양이 정말 좋았고 힘이 되었다. 그래서 나는 방금 불러주신 찬양을 한 번만 더 불러달라고 말했다. 그랬더니 엄마는 의아해하시면서 여태까지 아무 말도, 아무 찬양도 하지 않았다고 하시는 거였다.

"아닌데… 분명히 들렸는데… 나한테 계속 따라 하라고 말했잖아."

내게만 들려왔던 작은 노랫소리와 격려는 무엇이었을까? 힘겨운 수술을 받고 지쳐 있던 내게 하나님이 들려주신 위로의 음성이 아니었을까? 지금도 나는 가끔 그때를 생각하곤 한다.

이후 나와 가족들은 하나님의 여러 사인들을 경험하기 시작했다. 수술을 받은 직후 위중한 상태를 넘기기 위해 여러 가지 약을 많이 맞았다. 그런데 약 기운으로 진정이 되기는커녕 오히려 극도의 패닉 상태가 되어버렸다. 단 한 번도 경험해보지 못한 두려움이 몰려들었는데, 몇 시간째 몸이 걷잡을 수 없이 떨리고 입에서는 똑같은 말이 계속 튀어나왔다. 가족들이 찾아와 아무리 "온유야, 제발 진정하고 이쪽을 좀 봐"라고 해도 제멋대로 돌아가는 눈길을 되돌려놓을 수가 없었다. 두려움이 너무도 끔찍해서 나는 제발 의식을 잃을 수 있는 약을 놔달라고 계속 애원했다.

어느 것 하나 통제할 수 없는 상황 속에서 가족들은 철야기도를 하기 시작했다. 그리고 기도를 시작한 첫날, 하나님은 간절하게 기도하시는 엄마에게 치유의 약속을 들려주셨다. 당시 엄마는 1년 동안이나 마음고생을 하셨던 터라 그 응답이 믿기지 않아 단지 자기 바람일 거라고 생각하셨다. 그때 하나님은 다시금 마음속에 이런 감동을 주셨다.

"그럼 이제부터 매일 내가 하는 일을 네 눈으로 직접 봐라."

놀랍게도 그날 밤을 넘기자 패닉 증상이 완전히 사라졌다. 그리고 기도 응답대로 매일 기적이 일어났다. 그중 가장 먼저 일어난 기적이 그동안 의존해왔던 약을 모두 끊게 된 것이었다. 1년이 넘도록 매일 사용하던 마약성 진통제를 하루하루 줄여가다가 마침내 완전히 끊을 수 있었다. 1년이라는 긴 시간을 투여했기 때문에 마약에 중독되었을 것이라 다들 예상했지만, 통증이 줄고 어떤 부작용도 일어나지 않았다.

내게만 들려왔던
작은 노랫소리와
격려는 무엇이었을까?
지금도 나는 가끔
그때를 생각하곤 한다.

그렇게 몸이 점점 회복되면서 전문 간호사의 지도를 받아 숨 쉬는 연습을 하기 시작했다. 호흡 기계를 제거하고 자력으로 숨을 쉬게 하려는 것이었다. 그리고 마침내 나는 목에는 호스를 그대로 달고 있었지만 그것에 연결되어 있던 호흡 기계를 제거할 수 있었다. 목에 단 호스와 2개의 콧구멍, 총 3개의 숨 구멍을 통해 나 혼자만의 힘으로 숨을 쉬게 된 것이다.

의사들은 이렇게 다시 제힘으로 숨을 쉬는 것이 의학적으로는 불가능한 일이라고 했다. 나처럼 오랫동안 기계 호흡을 하게 되면 폐가 점점 섬유화되어 제 기능을 잃고 만다는 것이다. 그래서 이번 사례를 두고, 선천적으로 폐나 심장 같은 장기가 남달리 튼튼한 체질이기 때문에 다시 숨을 쉴 수 있었을 거라고 하는 쪽과 초자연적인 신의 도움이 아니라면 있을 수 없는 일이라고 하는 쪽으로 의견이 분분했을 정도다.

이 모든 기적은 인공뼈를 제거한 지 겨우 두 달이 흐르는 사이에 일어났다. 기적의 두 달을 경험하는 동안 엄마와 나는 매일 그날의 기적이 무엇이었는지를 확인하며 약속을 지켜내시는 하나님께 감사를 드렸다. 하지만 하나님 아버지는 그것도 모자라서 자신이 얼마나 센스가 넘치는 분이신지를 확실하게 각인시켜주는 클라이맥스를 남겨두셨다.

2004년 6월 28일, 그날까지 우리는 하나님이 짜놓으신 회복의

루트를 밟느라고 정신이 없었다. 날짜가 어찌 흘러가는지도 몰랐던 나는 어느새 17살을 맞고 있었다. 그날은 내가 세상에서 가장 특별한 생일 선물을 받은 날이었다.

"오늘은 일반 병실로 올라갈 거야. 그동안 정말 고생 많았어."

그렇게 나는 이 세상에 태어났던 날, 하마터면 무덤이 될 뻔했던 중환자실을 떠나오게 되었다. 스스로 숨을 쉬면서 중환자실에 있는 모든 사람에게 배웅을 받았다. 감당하기에 벅찬 기쁨 때문에 격하게 뛰는 심장이 터져버릴지도 모른다고 걱정하면서, 그렇게 최고의 하나님이 주시는 생일 선물을 받았다.

주께서 시온에서 잡혀간 포로를 시온으로 돌려보내실 때에, 우리는 꿈을 꾸는 사람들 같았다. 그때에 우리의 입은 웃음으로 가득 찼고, 우리의 혀는 찬양의 함성으로 가득찼다. 그때에 다른 민족도 말하였다. "주께서 그들의 편이 되셔서 큰일을 하셨다"(시 126:1-2, 표준새번역).

사랑하기
때문에

●

중환자실을 떠나면서 여러 가지 생각들이 떠올랐다.

중환자실에서 사람들에게 외면을 받기 시작했을 때 이제는 나의 인생 속에서 사랑이라는 축복이 영영 사라져버렸는가 싶었다. 어렸을 적부터 나는 언제나 남다른 인복을 타고난 사람이었는데…. 덕분에 줄곧 세상에서 무엇이든 감당하지 못할 일이 없다고 생각했었다.

하지만 인맥 덕분에 마치 VIP나 다름없었던 환자의 신분에서 하루아침에 미운 오리 새끼가 되어버렸을 때에는 고통 속에서 아무리 도움을 요청해보아도 내 말을 들어주는 이가 없었다. 오죽했으면 같은 중환자실에 있던 환자가 "도대체 왜 저 아이는 사람

취급을 안 해주는 거요?"라고 항의를 한 적이 있을 정도였다. 그러니 얼마 전까지만 해도 넘치는 사랑과 보호를 받으며 편하게만 살아왔던 어린아이로서는 난생처음 겪게 된 가혹한 상황을 감당할 수가 없었다.

목이 빠져라 내 말을 들어줄 가족들을 기다렸지만, 중환자실은 매일 아침저녁으로 겨우 30분씩만 면회가 허락되는 곳이었다. 겨우 가족들을 만났을 때에는 하소연을 해보았자 내게 아무런 도움을 줄 수 없는 가족들의 마음을 더욱 아프게 할 뿐이라는 사실을 깨달았다.

"이제 곧 부모님이 들어오실 텐데, 그렇게 우는 얼굴로 만날 거니?"

가슴을 짓누르는 고통 때문에 하루 종일 고개조차도 들고 있을 수 없었지만, 이제는 나눌수록 더욱 커지던 고통을 조금이라도 감추기 위해 일부러 면회 시간에 맞추어 진통제를 맞기 시작했다. 면회 시간이 되었다는 말을 들으면 눈물로 얼룩져 있던 얼굴을 닦았고, 힘껏 고개를 들고 있었다. 그리움과 아쉬움으로 가득 찬 30분은 언제나 금방 지나갔고, 다음 면회 시간이 돌아올 때까지 또다시 지독한 고통과 외로움 속에 홀로 남겨졌다.

그러나 하릴없이 일기장을 붙들고 울어야 했던 그때에도, 사실은 여전히 혼자가 된 것은 아니었다. 선하신 하나님이 늘 그리하셨듯이 이런 상황 속에서도 마치 수호천사와 같은 이들을 남겨주셨기 때문이다.

　가족들조차 면회가 쉽지 않았던 그곳에는 놀랍게도 가장 힘든 순간마다 어김없이 나를 찾아오던 기독교실 소속의 자원봉사자가 있었다. 당시 아무런 경황이 없었던 가족들은 용케도 매번 삼엄한 경계를 뚫고 찾아오는 그 이름 모를 봉사자를 "천사 아저씨"라고 불렀다.
　어느 날은 면회를 마치고 난 직후에 부모님께도 보일 수 없을 만큼 처절한 현실을 혼자서 감당해야 하는 것이 서러워서 울고 있었다. 그런데 그때 어디선가 천사 아저씨가 나타나더니 "온유야~, 온유야~" 하면서 함께 울기 시작했다. 갑자기 나타난 아저씨의 울음소리를 듣고 놀란 나는 잠시 울음을 멈추고 힘겹게 고개를 들었다. 그 순간 나보다도 더 서럽게 울고 있는 천사 아저씨의 얼굴 뒤로 나의 고통을 진정으로 함께 아파하시는 예수님의 모습이 겹쳐 보였다.

　'그래. 내가 이렇게 아파하고 있을 때 예수님도 나와 함께 아파하고 계시는구나.'

이후 내게 생명의 고비가 찾아올 때마다 웬일인지 중환자실 내에서 가장 따뜻하고 친절했던 간호사님이 곁에 있었다.

"온유야, 많이 힘들지. 울지 마. 오늘 밤만 잘 넘기자."

밤이 새도록 열이 펄펄 끓는 머리에 수십 번이고 찬물을 받아와서 차가운 수건을 올려주고, 끊임없이 흘러내리는 눈물이 여린 피부를 짓무르게 할까 봐 계속해서 눈물을 닦아주던 간호사님. 그런 한 사람의 존재가 얼마나 다행스러운 일이었는지…. 그 손길로 인해 매번 마음 편히 고비를 넘길 수 있었고, 무사히 아침을 맞을 때마다 간밤에 만났던 천사의 모습을 영원히 잊을 수 없을 거라고 생각했다.

그리고 내 얘기를 들어주는 사람이 필요했던 순간에는 치료 시간이 아닐 때도 자주 나를 보러 오던 레지던트 선생님들이 곁에 있었다.

"온유야, 컨디션은 좀 어때? 오늘 선생님 머리가 너무 떡졌지? 너무 바빠서 3일째 머리를 못 감았어."

"…좀 씻으러 가세요."

"근데 여기 양 선생님은 신발을 못 벗은 지가 너무 오래돼서 이제는 무서워서 못 벗는대. 벗는 순간에 모두 질식할까봐 ㅋㅋ!"

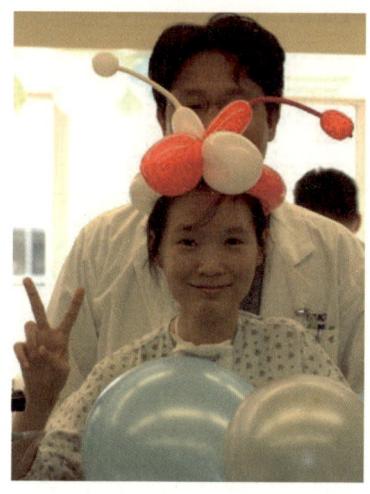

선하신 하나님이 늘 그리하셨듯이
이런 상황 속에서도 마치 수호천사와 같은
이들을 남겨주셨기 때문이다.

나는 그렇게나 피곤한 몸을 이끌고 굳이 내 곁을 찾아와서 실없는 농담을 걸어주는 그들이 좋았다. 내내 앓고 있다가도 그들만 보면 얼굴빛이 바뀌었던 덕분에, 특정 선생님을 좋아하는 게 아니냐고 놀림을 받기도 했다.

하지만 홀로 외로워하고 있을 아이를 위해 생각지도 못했던 생일 파티를 열어주고, 눈치를 살피면서도 병원 컴퓨터에 슬쩍 영화를 틀어주고, 수술방에 들어가는 순간까지도 혼자 있어도 심심해하지 말라면서 자신의 PDA를 내게 맡기던, 모두가 외면하는 시한부 환자 아이에게 오히려 더욱 특별한 사랑을 주었던 그들을 언제나 기다리지 않을 수 없었다.

누군가의 아픔과 죽음이 일상이 되어버리는 곳, 중환자실은 몸의 건강을 잃은 사람들이 이내 마음의 건강마저도 잃어버리기 쉬운 곳이었다. 당시 내 주변에 있던 환자들만 해도, 겨우 한 달만 지나면 죄다 헛것을 보면서 헛소리를 하기 시작했는데, 아마도 극도의 고통과 극도의 외로움이 사람의 마음을 미치게 만드는 것 같았다.

그런데 도저히 제정신으로는 버틸 수 없는 그곳에서 나만은 1년이 넘도록 내내 온전한 정신을 붙잡고 있었다. 마침내 살아서 중환자실을 나오게 되었을 때 엄마는 내게 이렇게 말씀하셨다.

"네 마음을 지켜달라고, 살려달라고 모두 얼마나 기도했는지 몰라. 그래서 고통 속에서도 끝내 정신을 놓지 않는 네 모습을 볼 때마다 늘 놀랍고도 감사했어. 기적적으로 마음이 무너지지 않았 기에 이렇게 살아서 나올 수 있었던 거야."

홀로 고통을 당하던 때에는 내 눈에 보이지도 않는 가족과 친구들의 사랑이 과연 무슨 의미가 있을까 생각했다. 도무지 놓아지지 않는 정신과 죽어지지 않는 몸이 원망스러워질 때면 나를 사랑한다는 이들의 응원이 되레 짐처럼 느껴질 때도 많았다.

하지만 왜 나를 이리 비참하게 홀로 두시느냐며 울고 있었을 때 사실은 언제나 나와 함께 아파하고 계셨던 예수님처럼, 나의 곁에는 고통을 덜어주지는 못해도 흐르는 눈물을 닦아준 이들이 있었고, 바라던 회복을 줄 수는 없어도 진심 어린 마음을 준 이들이 있었다. 그리고 매일 차디찬 중환자실 속에다 사랑하는 이를 두고 나와서 눈물을 흘렸던, 이미 지쳐버린 나를 대신해서 끈질기게 하늘의 문을 두드렸던 이들이 있었다.

그러니 결국 기적을 만든 것은 눈에 보이지도 않고 느껴지지도 않아서 그저 무력해 보였던 사랑이었다고 믿는다. 중환자실을 떠올릴 때마다, 그토록 무력해 보였던 사랑을 통하여 기적처럼 마음속의 감사와 기쁨을 회복시키며 끊임없이 나를 고쳐주시던 하나님을 기억하기 때문이다.

You were my strength when I was weak
당신은 내가 아플 때 힘이 되어주었습니다

You were my voice when I couldn't speak
당신은 내가 말할 수 없을 때 내 목소리가 되어주었지요

You were my eyes when I couldn't see
당신은 내가 볼 수 없을 때 내 눈이 되어주었습니다

You saw the best there was in me
당신은 내 안에 있는 최상의 것들을 발견했습니다

Lifted me up when I couldn't reach
내가 도달할 수 없을 때 나를 끌어올려 주었습니다

You gave me faith 'coz you believed
당신의 믿음 덕분에 나도 믿게 되었습니다

I'm everything I am because you loved me
내가 된 모든 것은 당신이 나를 사랑했기 때문입니다

- 팝송 "Because you loved me" 중에서

온유의 만화
–
언니 편

1. 나한테는 두 살 터울의 언니가 있다
꾸꾸
까까
특징 : 삐죽 솟은
머리카락과
남다른 성장 속도
6개월 오뉴
동그란 눈과
반곱슬머리
+ 19개월 언니
2. 조금 자라자 싸우기 시작했는데,
아뵤
이얍!
당장 그만두지 못해?
또 싸우니?
3. 울다가도 금방 서로를 쫓아다녔다
훌쩍
언니~
나도 같이 가
얼른
준비하덩가
훌쩍
양말 신어
4. 지금도 언니는 나를 잘 챙긴다
어?
저거 오뉴가
좋아하겠는데?
이것도!
요것도!
매번 사다보면 산더미
(거의 엄마 수준)
언니의 근황

3

**나를 가장
잘 아는 이와_
동행 이야기**

숨 쉬지
못해도
괜찮아

어제보다
좋은 날

●

　병원에 온 지 1년 만에 처음으로 유리 창문으로 스며드는 따스한 햇볕을 쬐었다.

　"하나님이 보기에 좋다고 하신 빛이 이런 거였구나."

　하나님이 만드신 빛은 지난 1년간 병원에서 보아온, 사람이 만들어낸 그 어떤 불빛과는 질이 달랐다. 무엇과도 비길 수 없을 만큼 상쾌하고 편안한 빛이었다. 이전에는 한 번도 인지해보지 못한 만족감이었다.
　일반 병동에서의 하루하루는 즐거웠다. 서로 이야기를 나눌 수 있는 환자들이 곁에 있다는 것도 좋았고, 침대에서 내려와서 화장실에 갈 수 있다는 것도 좋았고, 가족들과 아무 때고 만날 수 있다는 것도 좋았다. 주님을 만나고부터는 중환자실도 살 만한 곳이 되었다고 생각했는데 일반 병실에 오자 마치 지독한 마법에서 풀려 다시 사람이 된 것 같았다. 그렇게 더없이 행복한 시간을 보내고 있는 중 그보다 더 큰 행복을 꿈꿔볼 일이 생겼다.

"수술 경과가 좋으니까 이번에는 목에 있는 숨 구멍을 막는 수술을 해도 되겠다."

의사 선생님 말로는 이제 코로 숨을 쉬기만 하면 집에서 통원해도 괜찮겠다는 것이었다.

'일반 병실에만 와도 이렇게 좋은데, 집에 가면 얼마나 좋을까?'

하지만… 퇴원의 부푼 꿈을 안고 수술을 받았건만, 눈을 뜨니 두 번 다시 오고 싶지 않았던 중환자실이었다.
수술 후 목의 구멍이 사라졌기 때문에 이제는 열심히 코로 숨을 들이마시면서 기침을 통해 직접 가래를 뱉어내야 했다. 당장 중환자실에서 시키는 대로 기침을 하고 있는데 갑자기 커다란 핏덩어리가 목에 걸리더니 더 이상 숨이 쉬어지지 않았다. 놀란 나머지 목에서 피가 날 만큼 필사적으로 기침을 해봐도 아무 소용이 없었다. 곁에 있는 기계가 위급한 소리를 내고 있었지만 그 순간만은 아무도 봐주는 사람이 없었다.

'이렇게 천국에 가게 되는 거구나.'

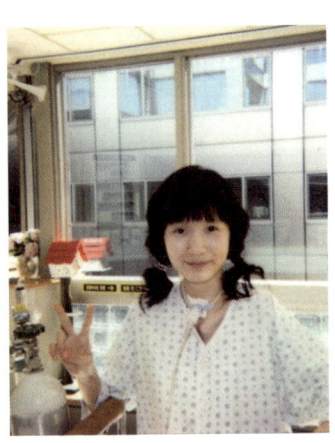

일반 병실로 갓 올라왔을 때…
'일반 병실에만 와도 이렇게 좋은데,
집에 가면 얼마나 좋을까?' 생각했다.

그런데 의식이 흐려지며 죽음을 예감한 순간, 갑자기 주마등처럼 엄마가 평소에 자주 일러주셨던 이야기가 번뜩 떠올랐다.

"온유야, 만약 혼자 있을 때 죽음을 맞게 된다면 절대로 널 도와줄 수 없는 가족을 찾지 마. 마지막 순간에는 반드시 엄마가 아닌 예수님의 이름을 부르고 평안하게 먼저 천국에 가 있어."

마지막 남은 힘을 끌어모아 "예수님!" 하고 주님의 이름을 불렀다. 놀랍게도 그 순간 숨 구멍을 꽉 막고 있던 핏덩이가 튀어나오더니 다시 숨이 쉬어지기 시작했다.

'아… 주님, 아직도 천국에 갈 때가 아니었나요?'

그렇게 바라던 천국 문 앞에서 또 한 번 되돌아온 나는, 결국 갈 수 없었던 천국 대신에 집에라도 가고 싶었다. 하지만 간절한 소망과 달리, 숨을 다시 코로 돌려놓는 일은 뜻대로 되지 않았다. 이후로도 여러 번이나 숨이 막혀서 수차례 CPR(심폐 소생술)을 받았기 때문에 결국에는 목을 다시 절개하면서 퇴원을 포기해야 했다.

몇 달이나 중환자실을 오가며 잔뜩 고생을 한 뒤에 겨우 원점으로 돌아온 셈이었지만, 나는 여전히 행복했다. 단지 엄마와 원하는 만큼 쭉 함께 있을 수 있다는 이유만으로도 더할 나위 없이 좋았다. 긴 잔소리를 듣고 있을 때에도, 사소하게 실랑이를 벌이는 순간조차도 가슴 한편이 흐뭇하기만 했다. 그렇게 마냥 행복하게 지냈더니 주변 사람들이 의문을 품기 시작했다.

"퇴원도 실패하고 이제 앞길이 막막한데 왜 그렇게 사소한 일로 기뻐하는 거야?"

심지어 너무 심한 고생을 한 탓에 머리가 약간 이상해진 게 아니냐는 말을 듣기도 했다. 그때마다 나는 이렇게 말했다.

"그냥 지금 이 순간이 정말 좋아요. 하나님이 그동안의 나날들을 통해서 기뻐할 수밖에 없도록 만들어놓으신 것 같아요."

지난 시간은 정말로 혹독했다. 하지만 하나님은 그 혹독한 상황 속에서 결국에는 나를 구해내셨다. 누가 뭐라고 해도 오늘은 분명 어제보다 조금 덜 아프고, 덜 외로워서 행복한 기분이 드는 날이었다. 그리고 오늘의 이 기쁨은 결코 어쩌다 얻은 우연이 아니라 분명 하나님이 내게 주신 내 것이었다. 그러니 아직 다 낫지 않았으면 어떻고, 아무런 치료 계획이 없다고 해도, 그게 뭐 어떻다는 것인가? 그런 게 오늘 내게 주어진 행복을 기뻐하지 못할 이유가 된다는 걸까?

하나님은 이처럼 그저 고난을 감당하는 것을 넘어 그 고난 속에서도 기쁨을 누릴 수 있게 하시는 분이었다. 그러니까 어떠한 내일이 기다리고 있든지, 분명 내일도 행복할 것이 틀림없었다.

우리가 이 소망을 가지고 있는 것은 영혼의 닻 같아서 튼튼하고 견고하여 휘장 안에 들어가나니 (히 6:19).

하나님은 그 혹독한 상황 속에서 결국에는 나를 구해내셨다.
누가 뭐라고 해도 오늘은 분명 어제보다 조금 덜 아프고,
덜 외로워서 행복한 기분이 드는 날이었다.

상사병

●

　한동안은 그저 즐거웠다. 운동을 하러 병원 구석구석을 돌아다니고, 화창한 날이면 병원 앞마당을 산책했다. 매일 똑같은 일상이었지만 즐겁게 지낼 수 있는 방법은 참 많았다. 시원한 나무 그늘 밑에 앉아서 좋아하는 책을 읽고, 산책길에 피어 있는 하얀 민들레로 화관을 만들기도 하고, 병원 식판에 있는 반찬으로 주먹밥이나 김밥을 만들면서 소풍 가는 기분을 내보기도 했다.
　오직 운동과 쉼으로만 이루어진 삶은 즐겁고 단순했다. 하지만 그보다 복잡한 구조로 이루어진 인간은 점점 단순한 삶을 괴로워하기 시작했다.

단조롭던 나의 삶을 더욱 외롭게 만든 것은 바로 의사소통이었다. 기도 절개를 하면서 목소리를 잃었기 때문에(목소리가 나오려면 호흡이 지나가며 성대를 울려줘야 하는데 기도 절개 위치가 성대보다 아래쪽이었다) 누군가와 이야기를 나누려면 필담을 하거나 입 모양으로 의사를 전달해야 했다.

이런 방식의 대화는 상당한 인내심을 요했다. 그래서 많은 사람이 보기 드물게 어린 환자인 내게 말을 걸었지만 결코 대답까지 기다려주지는 못했다. 제 할 말만 하고 가버리거나 내 대답은 아무래도 상관없다는 듯이 적당히 고개를 끄덕이고 말았던 것이다. 그런 일방적인 소통을 피하고 싶었던 나는 가족들이 없으면 일부러 커튼을 닫아두거나 귀마개를 착용하기 시작했다.

하지만 사람들과 좀처럼 얘기를 하지 않았더니 억울한 오해를 받는 일이 많아졌다. 나로서는 억울한 오해를 받더라도 딱히 할 수 있는 일이 없던 터라 그때마다 이런 생각으로 그저 간신히 견뎌내고 있었다.

'그래, 지금은 이대로 입을 꼭 다물고, 무슨 변명을 하고 싶으면 내게 온전히 귀를 기울여주시는 주님께만 얘기하자. 나를 모르는 사람들은 얼마든지 오해를 해도 괜찮아. 하나님이 진실을 알고 계시니까.'

겨우 외로움을 떨쳐내면 냉혹한 현실이 나를 기다리고 있었다. 일반 병실로 왔을 즈음, 건강은 이미 돌이킬 수 없는 손상을 입은 상태였다. 키가 무려 10cm 이상이나 줄었고 갈비뼈마저 사라졌던 것이다. 손상된 허리에서 이어지는 두통으로 매일 구토를 해야 했고, 가만히 있어도 온몸에서 식은땀이 줄줄 흘렀다. 게다가 거울을 들여다보면 평생 동안 알고 있던 내 모습은 온데간데없고 낯설고 왜소한 사람이 있었다.

겨우 10대 후반이 된 소녀로서는 변해버린 자신의 모습을 도저히 참을 수가 없었기 때문에 점점 더 강박적으로 운동을 하면서 허리를 꼿꼿하게 세워보려고 애를 썼다. 하지만 몸은 매일 점점 더 줄어들기만 했다. 매일 반복되는 생활 속에서 한순간도 잊어버릴 수 없었던 나의 고통들은 결국 불안이 되어 하루에도 수십 번씩 내 목을 조이기 시작했다.

'그럼 나는 이대로 아무것도 해보지 못한 채 점점 더 망가지고 작아지다가 이곳에서 죽게 되는 것일까?'

밤이고 낮이고 주님께 달려가지 않고는 도저히 살 수 없는 지경에 이르렀다. 하지만 막상 고통을 못 이겨 기도를 드리기 시작하면 주님이 부어주시는 막대한 확신에 곧 압도되었다. 크고 아름다우신 주님을 바라보면 그렇게나 나를 괴롭히던 고통이 너무나 작아 보였고 기도를 마칠 때면 언제나 똑같은 고백을 드리게 되었다.

"제 삶을 당신의 뜻대로 사용해주세요. 제게는 주님이 계시니 어떤 상황에 있더라도 이제 괜찮아요."

이렇게 주님 앞에서 몇 번이고 현실을 초월하는 평안을 느끼고 나자 마음속에는 굳건한 믿음을 향한 갈망이 생겼다. 기도를 하고 난 직후에는 평안하다가 일상으로 돌아오기만 하면 다시 두려움에 떠는 상황이 반복되었기 때문이다.

하나님의 뜻을 따르고 싶었지만 막상 현실을 마주하면 그분의 뜻이 무엇인지 분간되지 않았고, 그런 상태에서 몸이 지치기 시작하면 의심과 불안이 찾아들어 믿음까지 흔들렸다.

'내 믿음은 왜 이리도 나약한 걸까? 한 번이라도 하나님을 볼 수 있다면 변하지 않는 믿음을 가질 수 있을까?'

때마침 성령의 임재에 관한 책을 읽고 있었는데, 성령의 임재를 경험한 저자들의 삶은 결코 이러하지 않았다. 그들은 매일 성령과 생생하게 대화를 나누며 그분의 인도를 따라 날마다 하나님의 뜻을 이루었다. 성령과의 동행이 그렇게나 구체적이고 사실적인 일이었다니…. 간절히 그들처럼 되고 싶었다. 이후 불안과 의심으로 흔들릴 때마다 '생생한 성령의 음성을 들을 수 있다면, 그래서 그분이 인도하시는 곳으로 확신을 가지고 따라갈 수 있다면 얼마나 좋을까?'라고 바라게 되었다. 성령의 동행을 사모하게 되자 그제야 나의 외롭고도 괴로운 상황도 달리 보이기 시작했다.

'이곳은 나의 예루살렘이구나.'

그날부터 나는 성령을 사모하는 열정에 사로잡혀 하루 종일 기도와 찬양과 말씀 묵상에 푹 빠져 지냈다. 배고픔을 잊어 식사를 거르는 일이 잦아졌고, 심지어 얼마 전까지만 해도 매일 애타게 기다리던 가족들과의 시간조차 아깝게 느껴지곤 했다. 가끔 가족들이 병원에 너무 오래 머물러 있으면 마음이 조급해져서 속으로 이렇게 기도를 드렸을 정도였다.

'하나님! 제발 이 눈치 없는 가족들이 얼른 돌아가게 해주세요. 제가 함께하며 이야기를 나누고 싶은 분은 오로지 주님뿐이시란 말이에요!'

밤이 되면 곤히 잠들어 있는 환자들 곁을 조용히 빠져나와서 지하 기도실로 갔다. 그리고 그곳에서 매일 '오늘 밤 성령이 나와 동행하시는 게 깊이 느껴지지 않으면 절대 잠을 자지 않겠다'고 결심했다. 기도실 구석에 있는 소파에서 밤이 새도록 기도하기를 반복하다가 잠이 쏟아지는 새벽녘이 되면 두 손을 모은 채 나도 모르게 스르르 잠이 들곤 했다.

그렇게 밤낮으로 성령의 임재를 느끼게 해달라고 기도하며 몇 개월을 보냈건만 날이 갈수록 성령을 사모하는 마음만 간절해질 뿐 이상하게도 성령이 좀처럼 느껴지지 않았다. 분명 할 수 있는 모든 노력을 다해 그분을 기다렸는데 말이다.

당시 내 말을 들은 엄마는 "아직 네 믿음이 부족하고 블레즈 파스칼처럼 전심을 다해서 주님을 찾지 않았기 때문이야"라고 하셨다. 나는 정말로 억울했다. 온전히 주님만을 구하는 기도에 이리 침묵을 하신다면, 할 수 있는 최선을 다했는데도 믿음이 부족하다고 하신다면 나는 더 이상 할 수 있는 일이 없었기 때문이다.

그것으로
충분합니다

●

그러나 계속해서 침묵하시는 듯하던 하나님은 결국 나에게 응답을 주셨다. 단지 그 응답이 내가 예상한 모습과 전혀 달랐을 뿐이다.

그날도 나는 여느 때와 다름없이 기도에 몰두하기 위해 홀로 기도실로 향했다. 때마침 그곳에는 아무도 없었고 책상 위에 어떤 책자가 한 권 놓여 있었다. 기도를 시작하기 전에 조금만 읽어 보자 하고 책장을 펼쳤더니, 같은 병원에서 암 투병을 한 어느 유명 아나운서의 인터뷰 기사가 눈에 들어왔다. 만약 다시 건강해진다면 무엇을 가장 하고 싶으냐는 조금은 뻔한 질문에 그 아나운서는 교회에서 화장실 청소를 하고 싶다는 대답을 했다. 그 순간 누군가 내 뒤통수를 세게 때리는 것 같은 기분이 들었다.

'와… 이 사람은 정말 겸손하구나. 나는 아직도 멀었구나.'

매일 성령의 임재를 사모하며 하나님을 위해 무엇이든 헌신하겠다고 수없이 고백할 때마다 나는 정말로 나 자신이 그런 줄로만 알고 있었다. 나는 분명 더할 수 없는 진심으로 주님을 사랑하고 있었으니까. 이렇게 몸이 다 망가지고 난 뒤에야 주님을 알아본 자신이 미워질 정도로 사랑하는 주님께 드릴 수 있는 게 없어 슬펐으니까.

하지만 주님을 그토록 사랑한다고 하면서도 마음 한구석에는 잡초 같은 보상 심리가 자라고 있었다. 이렇게까지 주님을 사랑하고 기다렸으니 틀림없이 언젠가는 충만한 성령의 능력을 얻어 이 엄청난 고난을 극복하게 될 것이라고 내심 기대하고 있었다.

'그런데 만약에 하나님이 내게 숭고한 사명이 아니라 화장실 청소 같은 보잘것없는 일을 맡기신다면 어떡하지?'

사실 그런 일은 생각조차 해본 적이 없었다. 고난은 곧 훈련이라고 생각했기 때문에 이 정도의 고난을 지나고 난 뒤에는 '내가 아니면 할 수 없는' 아주 중요한 역할을 부여받으리라고 생각했던 것이다. 그런데 만약 그런 기대가 무너진다면 어떻게 될까? 나는 분명 하나님께 실망했을 것이다. 고작 이런 일을 위해 고난을 헤쳐 나왔던 게 아니라며 결코 수긍하지 못했을 것이다. 그러니 하나님을 위해서라면 뭐든지 할 수 있다고 했던 나의 기도는 결국 거짓말이었다.

그 사실을 깨닫는 순간 마음속이 어지러웠다. 그렇다면 내가 그토록 원했던 헌신의 정체는 과연 무엇이었을까? 주님을 위해서라면 순교라도 기꺼이 할 작정이었지만, 그것조차도 실은 그분을 위한 마음이 아니었던 것이다. 결국 나는 주님을 통해서 나 자신이 위대해지려는 욕심을 품고 있었다는 사실을 깨달았다. 순간 열렬히 성령을 사모했던 그간의 시간이 부끄러워졌다. 고작해야 무능한 나 자신이 성령의 능력을 빌려서라도 대단한 헌신을 해보겠다고 욕망했던 꼴이 아닌가.

'하나님, 저는 더 이상 당신의 능력을 구할 자격이 없어요.'

충격을 받고 헤매기 시작할 때 주님은 바로 그 주에 있던 병원 예배의 말씀을 통해 나를 구제해주셨다. 실패한 베드로에게 예수님이 다시 사명을 맡겨주신 이야기였다. 베드로는 평소 "모두가 주님을 버릴지라도 나는 그럴 리 없다"고 호언장담하던 제자였다. 그러나 그도 결국 나약한 인간이기에 그렇게도 사랑하는 주님을 세 번이나 부인했다. 베드로를 사랑하신 예수님은 자기 앞에서 좀처럼 고개를 들지 못하는 베드로를 위해 세 번이나 똑같은 질문을 던지셨다.

"네가 나를 이 사람들보다 더 사랑하느냐?"

아마도 이전의 베드로라면 "당연하죠! 저는 그 누구보다 주님을 사랑해요"라고 말했을 것이다. 하지만 이제는 그럴 수 없었다. 그래서 절대적인 사랑을 뜻하는 '아가페'라는 단어를 사용해 물으시는 예수님 앞에서, 끝내 그보다 못한 '필레오'라는 단어를 사용해 "주님을 사랑하는 제 마음을 주님이 아십니다"라고 겸손히 대답했다. 자신의 나약함을 알게 되었기에 그저 인간으로서 드릴 수 있는 최선의 사랑을 드리겠다고 고백했던 것이다. 그 말씀을 듣자마자 나도 용기를 내어 주님께 다시 고백했다.

"주님을 사랑합니다. 제 마음을 주님이 아십니다. 나약하고 부족하지만 주님이 힘 주시는 대로 최선을 다해 당신을 사랑하겠습니다."

그 고백을 드릴 때 나는 마음의 중심을 아시는 주님이 부족하지만 진실한 내 사랑의 고백을 그 무엇보다 기뻐하신다는 것을 알 수 있었다. 기다리고 기다렸던 성령이 드디어 내 곁에서 말씀을 생각나게 하셨기 때문이다.

> 그의 주인이 그에게 말하였다. '착하고, 신실한 종아, 잘했다! 네가 적은 일에 신실하였으니, 이제 내가 많은 일을 네게 맡기겠다. 와서 주인과 함께 기쁨을 누려라'(마 25:23, 표준새번역).

주님은 분명 5달란트든 2달란트든 액수와 관계없이, 맡겨진 일에 충성을 다한 모두를 똑같이 칭찬하셨다. 전능하신 그분께는 누가 더 큰 일을 맡았고 더 많은 공을 세웠는지가 중요하지 않았던 것이다.

> 예수께서 세 번째로 물으셨다. "요한의 아들 시몬아, 네가 나를 사랑하느냐?" 그때에 베드로는 예수께서 '네가 나를 사랑하느냐?' 하고 세 번이나 물으시므로, 불안해서 "주님, 주께서는 모든 것을 아십니다. 그러므로 내가 주님을 사랑하는 줄을 주께서 아십니다" 하고 대답하였다. 예수께서 그에게 말씀하셨다. "내 양을 먹여라"(요 21:17, 표준새번역).

> 내가 바라는 것은 변함없는 사랑이지, 제사가 아니다. 불살라 바치는 제사보다는 너희가 나 하나님을 알기를 더 바란다(호 6:6, 표준새번역).

"주님을 사랑합니다.
제 마음을 주님이 아십니다.
나약하고 부족하지만
주님이 힘 주시는 대로 최선을 다해
당신을 사랑하겠습니다."

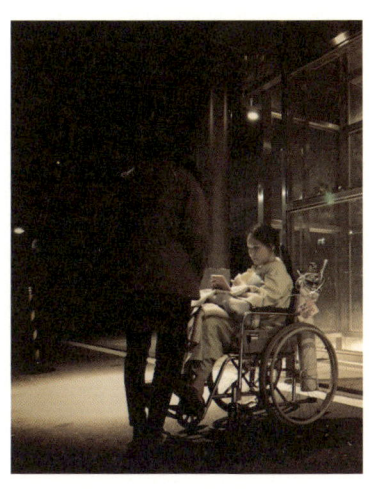

주님은 그분의 일을 맡기고자 하실 때도 그저 "나를 사랑하느냐?"라고 물으신다. 왜냐하면 주님은 자신에게 드려지는 제사보다 자신을 향한 변함없는 사랑을 더 원하시는 분이기 때문이다.

부족한 나의 사랑을 이렇게나 기쁘게 받아주시는 하나님 앞에서, 나 역시 그분이 아닌 또 다른 목적을 더 이상 품고 싶지 않았다. 그러니 이제는 내게 얼마만큼의 달란트가 주어지느냐는 전혀 중요하지 않았다. 또한 사랑하는 주님이 맡겨주시는 사명이라면 무엇 하나 귀하지 않은 게 없다는 생각이 들었다. 그 일이 무엇이든지 나의 최선을 받으실 주님이 그저 내게 잘했다고 말씀하시며 기뻐해주신다면…. 이제는 그것으로 충분했다.

주님, 이제 내가 교만한 마음을 버렸습니다. 오만한 길에서 돌아섰습니다. 너무 큰 것을 가지려고 나서지 않으며, 분에 넘치는 놀라운 일을 이루려고도 하지 않습니다. 오히려, 내 마음은 고요하고 평온합니다. 젖뗀 아이가 어머니 품에 안겨 있듯이, 내 영혼도 젖뗀 아이와 같습니다(시 131:1-2, 표준새번역).

사랑에는
두려움이 없다

●

　아무리 알려고 해도 막막하기만 했던 성령의 임재를 인지하게 되자 그동안 일상의 모든 것을 통해 나를 깨닫게 하시던 분, 종종 성경 말씀을 생각나게 하시고 말씀을 풀어주시던 분이 바로 성령이셨음을 알게 되었다. 말씀을 읽을 때마다 전혀 생각지도 못했던 부분이 풀리면 그것으로 성령이 내 안에 계시다는 사실을 믿을 수 있었다.

　그 믿음으로 나는 마치 친한 친구에게 얘기를 털어놓듯 그동안의 고충을 그분께 말씀드리기 시작했다. 처음 이렇게 기도할 때 당장 아무런 대답이 들리지 않으면 혼자서 넋두리를 하는 기분이었다. 하지만 내 곁에 분명히 계시는 성령의 대답은 골방이 아닌 삶 속에서 들려오기 시작했다.

당시 나의 최대 난제는 말을 못하는 어린 환자이기에 곁에 보호자가 없으면 인격적인 대우를 받지 못한다는 것이었다. 부당한 대우에 매번 기분이 상했지만, 그보다 더 큰 문제는 그들을 볼 때마다 내 마음이 순식간에 미움과 분노로 잠식된다는 것이었다. 주님께 배운 사랑과는 반대되는 그 마음 때문에 죄책감과 실망으로 어찌할 바를 모르고 있을 때 성령은 이 말씀을 떠올리게 하셨다.

너희의 짐을 주님께 맡겨라. 주님이 너희를 붙들어 주실 것이니, 주님은, 의로운 사람이 망하도록, 영영 그대로 버려두지 않으신다 (시 55:22, 표준새번역).

그 말씀을 받자마자, 나는 곧장 이렇게 기도를 드렸다.

"성령님, 저는 도저히 미워하지 않을 수 없어요. 그러니 주님의 말씀대로 제 짐을 주님께 맡길게요. 이제부터는 미워하는 마음이 생기면 다 주님 탓이에요. 제 짐을 가져가시고 그 대신 사랑이 가득한 당신의 눈을 제게 주세요."

내게 주신 말씀대로 주님은 정말로 나의 짐을 맡아주셨다. 신기하게도 그날은 하루 종일 아무리 냉대를 받아도 미워하는 마음이 생기지 않았다. 그래서 이후로도 종종 마음속에 미움이나 분노가 생겨나면 주님께 짐을 떠맡기고 내게 당신의 눈이나 마음을 달라고 요청했다.

그러던 어느 날, 같은 병실 안에 굉장히 귀찮은 아이가 생겼다. 어느 환자의 가족이었던 그 아이는 자꾸만 내게 뭔가를 해달라고 졸랐고 그것도 모자라서 매번 까탈스럽게 굴었다.

"언니, 사야 하는 게 있는데 언니 노트북으로 같이 좀 골라주라."

그날은 이미 오전 내내 그 아이와 보냈기 때문에 오후에는 하나님과 오붓한 시간을 보내고 싶었다. 그래서 급히 성경과 책을 챙겨 들고 나가면서 "미안, 지금은 운동을 가야 하니까 이따 돌아와서 해줄게" 하고 슬쩍 핑계를 댔다. 실은 운동이 끝나고도 조용한 곳에 가 있다가 밤이 늦으면 돌아올 셈이었다.

그런데 아이를 피해서 급히 달아나고 있을 때 갑자기 얼마 전 읽었던 글귀가 떠오르면서 성령의 마음이 느껴졌다.

"너는 사랑하고 싶다고 하면서도 네 이웃을 도울 때에는 왜 그리 마지못해서 하는 것이냐?"

이럴 수가! 나는 대체 사랑이 뭐라고 생각했던 것일까? 나는 분명 사랑을 꿈꾸고 있었다. 나는 언제나 하나님을 모르는 이들을 위해, 그리고 소외된 이웃을 위해 살기를 꿈꿨다. 단지 아직은 그들에게 닿을 만한 기회가 없었을 뿐이었다. 그래서 주님의 마음을 구해놓고도 그저 폐나 끼치지 않고 미움을 지양하는 것으로 만족했던 거다. 나는 그 길로 발길을 돌려 병실로 돌아갔다.

"내가 사랑하고 싶다고 했던, 닿을 수 없는 곳에 있는 그들만이 내 이웃이 아니었구나. 주님, 너무 멀리 보느라 '지금 여기'를 생각하지 못했어요."

언젠가는 기도를 하거나 성경을 읽을 때마다 자꾸만 쓸데없는 의심과 잡생각이 떠오르는 고질적인 문제에 시달리고 있었다. 한번 의심에 흔들리면 성격상 그것을 하나하나 짚어가며 다시 결론을 지어야 하기 때문에 너무나 많은 시간을 허비하게 되었다.

'왜 자꾸 이런 생각에 빠지는 걸까? 한 번 의심에 사로잡히면 너무 죄송해서 도저히 기도를 못하겠어.'

그날 역시 나는 기도를 포기하고 무심코 곁에 있는 책을 집어 들고 읽기 시작했다. 그 책은 어느 수도사의 묵상 일기를 모은 것이었는데, 놀랍게도 아무렇게나 펴 든 페이지 속에 내가 주님께 묻고 싶었던 기도가 적혀 있었다.

"기도만 하려고 하면 온갖 잡념과 의심이 몰려드는데 주님, 이럴 땐 어떻게 해야 하나요?"

하나님이 그에게 응답하셨다.

"그런 잡념들은 풀어놓은 강아지와 같다. 그것들이 마음대로 돌아다니는 것을 네가 막을 수는 없지만 너의 생각과 마음을 다시 제자리로 돌려만 놓아라."

그것은 매일 시도 때도 없이 머릿속을 스쳐가는 무가치한 잡념과 의심이 결코 나의 본심이 아니라는 것을 성령이 알고 계신다는 응답이었다. 이미 떠오른 생각을 막을 수는 없지만, 본심이 아닌 잡념에 크게 휘둘릴 필요도 없었던 것이다. 그제야 나는 헛된 생각에 흔들려 힘과 시간을 낭비하는 일을 멈출 수 있었다.

이렇게 당신을 향한 의심의 문제 앞에서도 나의 본심을 알아주시는 하나님 앞에서, 나도 더는 나 자신의 나약함을 마주하는 일이 두렵지 않았다. 내 안에 계신 하나님은 어차피 나를 다 알고 계시니까 그분 앞에서 애써 본심을 감추려고 노력하거나 구차한 변명을 둘러댈 필요가 없었던 것이다. 하나님은 내가 실수를 하거나 조금 농땡이를 부린다고 곧바로 혼쭐을 내시는 엄마나 선생님 같은 분이 아니셨다. 그분은 이미 나의 깊은 속마음을 다 아시고 내가 더 잘할 수 없는 이유까지 먼저 이해하고 계신 분이셨다.

그렇게 나는 이 세상에서 나를 가장 잘 알고 계시는 분께 가장 따듯하고 온전한 이해를 받았다. 그러니 이제는 단지 솔직하게 기도를 드리기만 해도 충분했다. 나를 사랑하시는 하나님이야말로 가장 완벽한 내 편이시기 때문이다.

"사람의 소행이 어떠한지, 내가 보아서 다 알고 있다. 그러나 나는 그들을 고쳐 주겠다. 그들을 인도하여 주며, 도와주겠다. 슬퍼하는 사람들을 위로하여 주겠다. 이제 내가 말로 평화를 창조한다. 먼 곳에 있는 사람과 가까운 곳에 있는 사람에게 평화, 평화가 있어라."
주께서 약속하신다. "내가 너를 고쳐 주마"(사 57:18-19, 표준새번역).

그러면 '이렇게나 나를 잘 알고 계시는 하나님께 굳이 일일이 기도를 드려야 할 이유가 있을까?' 하는 생각을 하게 된다. 나는 "오늘 아침에 기도를 못했더니 이런 안 좋은 일을 당했어"라든가 "기도를 더 절실히 해야 하나님께 응답을 받지"라는 식의 말을 굉장히 싫어한다. 왜냐하면 기도를 많이 하건 안 하건 하나님은 당신의 자녀들을 기필코 가장 좋은 길로 인도하시기 때문이다.

하지만 기도는 아직도 하나님을 잘 모르는 나에게 반드시 필요한 것이었다. 하나님이 이루신 놀라운 일들을 한낱 우연으로 치부하지 않기 위해서. 하나님께 나의 생각을 아룀으로써 그분의 생각을 알아가기 위해서.

사랑에는 두려움이 없습니다. 완전한 사랑은 두려움을 내쫓습니다. 두려움은 형벌과 맞물려 있습니다. 두려워하는 사람은 아직 사랑을 완성하지 못한 것입니다. 우리가 하나님을 사랑함은, 하나님께서 우리를 먼저 사랑하여 주셨기 때문입니다(요일 4:18-19, 표준새번역).

온유의 묵상_
죽음에 대하여

앰부 봉사가 시작되기 전까지 나는 '쾌유'라는 똑같은 목표를 둔 환자들 사이에서 함께 지냈다. 나를 제외한 대부분의 환자들은 금세 이 목표를 달성했기 때문에, 5년이라는 시간 동안 나는 셀 수 없이 많은 환자를 만날 수 있었다.

이전에 같은 고통을 겪어보았다는 이유로 목소리를 내지 못하는 내 입장을 천사처럼 대변해주던 아주머니, 불치병 앞에서도 감사와 찬양을 끊임없이 고백하던 성인 같은 할머니, 병원 예배에서 잠시 스쳤을 뿐인데 목사님을 통해 친구 하자고 연락을 해주었던 예쁜 친구, 제일 힘들어 보이는데도 매일 다른 환자들을 돕겠다고 나서던 폐 이식 환자.

그렇게 내 곁을 스쳐지나간 환자들 중에는 몸이 잘 나아서 퇴원한 사람도 있었지만, 끝내 죽음을 맞이한 사람도 많았다. 그래서 나는 또 수많은 죽음을 곁에서 지켜보게 되었다. 죽어가면서도 집 사고 차 바꾸기를 간절히 꿈꾸던 사람, 고통에 몸부림치며 애타게 가족을 찾던 사람, 죽음을 앞두고도 찬양을 부르던 사람, 굳게 뜬 눈으로 하염없이 눈물을 흘리던 사람….

사람의 마지막을 보는 것은 언제나 슬프다. 하지만 죽음을 이기신 예수님을 믿고 있기 때문일까? 그 모습을 보는 것이 단 한 번도 무섭지 않았다. 다만 그 수많은 죽음 중에는 내가 도저히 이해할 수 없는 모습이 더러 있었다. 많은 환자가 견딜 수 없는 고통을 겪으면서도 마침내 휴식처럼 찾아오는 죽음을 비극으로 여길 때, 힘이 들 때마다 금세 천국을 떠올려버리는 나로서는 죽음보다 고통을 원하는 그 모습이 이상했던 것이다.

사람이라면 언젠가는 반드시 죽을 터인데 사람들은 왜 그토록 죽음을 피하고 싶어 하는 걸까? 미지에 대한 두려움 때문일까? 아니면 남겨둔 삶에 대한 미련 때문일까? 어쩌면 그것은 우리 모두가 영원한 하나님에게서 생명을 얻은 존재이기에 영원을 갈망하기 때문인지 모른다.

주께서 말씀하셨다. "생명을 주는 나의 영이 사람 속에 영원히 머물지는 않을 것이다. 사람은 살과 피를 지닌 육체요, 그들의 날은 백이십 년이다"

(창 6:3, 표준새번역).

5. 방학 때에는 더 많이 함께 지냈다

6. 지금도 여전히 주일마다 동생을 만난다

7. 둘 다 성인이 되니, 이제는 친구 같다

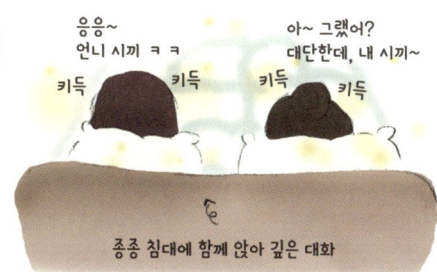

종종 침대에 함께 앉아 깊은 대화

8. 내 동생은 종종 내게 이렇게 말한다

온유의 만화
– 머리 감기 편

1. 요즘엔 허리가 아픈 탓에 친구들과 머리를 감는다

2. 병원에는 미용실 같은 샴푸대가 있어 편하다

3. 우리는 신나는 노래를 틀고 샴푸를 시작한다

4. 조금 있으니 동생이 장난을 치기 시작한다

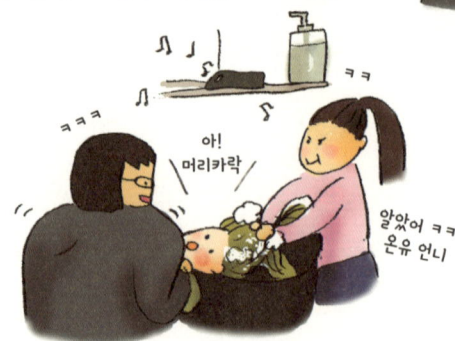

5. 친구도 함께 장난을 치기 시작한다

6. 귀찮게 구는 이 녀석들이 갑자기 초식 동물 같아 보였다

7. 자기들끼리 회의도 하고 있다

8. 장난치고 웃다 보면 샴푸가 끝난다

4

기적처럼
시작된_
함께하는
숨 이야기

숨 쉬지
못해도
괜찮아

두 번째 호흡이
시작되던 날

●

어느 날 목에 있는 관을 교체하다가 목 안에서 피가 나왔다. 기도 절개를 한 뒤로는 날이 건조해질 때마다 목 안에서 피가 나는 일이 흔하게 있었다. 그런데 이번에는 유독 의사의 반응이 달랐다.

"이러다간 곧 목에 구멍이 나서 죽습니다. 이제부터는 목관 교체나 석션(suction, 기도에 생기는 가래를 흡입해내는 것)을 제한해야겠습니다."

하지만 석션을 잘 못하게 되자 가래가 제거되지 못해 숨 구멍이 막혀버리는 일이 자주 발생했다. 그리고 그때부터 조금씩 몸 상태가 이상해지기 시작했다. 아침에 일어날 때마다 점점 더 붓는 듯싶더니 호흡하는 것이 힘겨워지다가 결국에는 있는 힘을 다해 숨을 쉬어야만 겨우 호흡을 유지할 수 있게 되었다. 밤낮으로 잠을 자지 못하는 상황 속에서 피로가 쌓여가던 어느 날, 갑자기 의식이 흐려지면서 숨이 넘어가려고 했다.

며칠째 이 상황을 지켜보고 계시던 엄마는 급히 의료진을 호출했지만 연락을 받은 의료진이 병실까지 오는 데에는 또 오랜 시간이 걸렸다. 산소 수치가 0까지 곤두박질을 쳤다. 마음이 너무 다급해진 엄마는 순간적으로 곁에 비치되어 있던 앰부 백을 집어 드셨다. 그리고 그 순간의 기지가 끊어지려는 호흡을 되찾아놓았다.

그때부터 엄마는 내게 고비가 찾아올 때마다 앰부를 잡으셨다. 탈진을 한 내가 다시 숨을 쉴 수 있을 때까지 앰부를 하고 있으면 완전히 숨이 끊어져 혼수상태에 빠지는 사태를 막을 수 있었기 때문이다.

하지만 그것도 얼마 가지 못했다. 임기응변으로 겨우 고비를 넘기는 날들이 이어지다가 결국 앰부 없이는 숨을 전혀 쉬지 못하는 지경에 이른 것이다. 하지만 그때 의사는 아무것도 해줄 수 있는 게 없다고 했다.

"이제는 어쩔 도리가 없습니다. 폐와 심장이 기능을 다한 것이니 호흡 기계도 달 수가 없어요. 몸 상태에 비해 여태껏 생각보다 오래 버텨주었던 겁니다."

하지만 엄마는 자신의 손에 쥐어진 딸아이의 호흡을 놓아버릴 수 없었고, 달리 어찌할 도리가 없었기에 무작정 앰부를 하기 시작하셨다.

밤이고 낮이고, 사람의 호흡을 대신해서 계속 앰부를 하는 것은 여간 어려운 일이 아니었다. 화장실에 가고 싶어도, 졸음으로 눈이 감겨도 앰부를 누르는 손을 멈출 수는 없기 때문이다. 그렇게 며칠이 흐르자 결국 엄마와 아빠는 모두 탈진해버리셨다. 게다가 며칠째 밤을 새우고 출근을 하시던 아빠는 교통사고마저 당하셨다. 그 소식이 전해지자 지인들이 틈틈이 찾아와 부모님을 도와주었지만, 한 사람의 호흡을 감당하기에는 역부족이었다. 지친 가족들이 호흡 기계를 달아달라고 끊임없이 요청을 했더니 의사는 결국 이렇게 답을 했다.

"이런 몸으로 호흡 기계를 사용하려면 굉장히 고통스러울 것이기 때문에 중환자실로 데려가 약물로 재워두어야 합니다. 얼마 남지 않은 시간 동안 두 번 다시는 온유와 소통하실 수 없게 될 거예요. 그래도 가족분들이 기계를 원하신다면 먼저 생명 포기 각서를 써주세요. 그러면 기계를 달아드리겠습니다."

생명을 포기할 수 없었던 가족들은 단지 할 수 있는 최선을 다해야 했다. 흐릿해지는 의식을 간신히 붙들고 있던 나는 하루하루 더욱 지쳐가는 가족들과 어찌할 수 없는 상황을 지켜보며 온종일 주님을 불렀다.

"하나님 아버지, 도와주세요."

그러던 어느 날, 교회에서 그룹장을 맡고 있던 다랑 언니가 문병을 왔다. 언니는 피곤에 지친 엄마를 잠시 쉬게 하고자 앰부를 자청했는데, 얼마 안 있어 팔과 어깨 근육에 경직이 왔다.

"어머니, 이걸 어떻게 하루 종일 하셨던 거예요?"

다랑 언니는 곧장 교회로 달려가서 목사님께 우리 가족들이 처한 절박한 상황을 말씀드렸다. 마침 그날은 주일이어서 예배 후 곧장 온유와 온유 가족을 도울 사람들을 모집한다는 광고를 할 수 있었다. 평범했던 어느 겨울날, 그렇게 기적이 시작되고 있었다.
그날 주님을 만나러 예배에 온 200명이나 되는 청년들은 한 번도 보지 못한 이를 향해 사랑의 마음을 품게 되었다. 그리고 그날 밤, 주님만을 애타게 부르고 있었던 나는 낯설지만 따뜻했던 두 번째 호흡을 만났다.

사랑,
기적을 만들다

●

조용했던 병실이 낯선 이들로 인해 붐비기 시작했다. 광고를 들은 청년들이 잇따라 병실을 찾아왔기 때문이다. 좁은 병실 안에 미처 다 들어올 수 없어서 문 앞을 서성이기도 하고 휴게실에서 기다리기도 하다가, 한 사람이 앰부를 누르다 지치면 바로 다음 사람이 기다렸다는 듯이 앰부를 넘겨받았다.

그렇게 기적처럼 시작된 릴레이 속에서 누군가 앰부를 누를 때마다 새로운 호흡이 폐부를 가득 채우고 목구멍 위까지 흘러넘쳤다. 그 바람을 따라 잃어버렸던 목소리가 다시 울리기 시작했는데, 낯선 이들은 아주 미세하게 바뀌는 호흡마저 알아챌 정도로 나의 소리에 항상 귀를 기울이고 있었다. 한밤중에도 잠에서 깨어나 눈을 뜨면 나를 쭉 지켜보던 사람들과 눈을 마주치게 되었다. 외로움에 익숙해진 병원에서 하루아침에 완전히 다른 삶을 살게 된 것이다.

"갑자기 수많은 사람과 함께 지내게 되었을 때 마음이 어땠어? 굉장히 부담스러웠을 것 같아."

사람들은 종종 내게 앰부 릴레이가 처음 시작되었을 때의 느낌이 어떠했는지 묻는다. 하지만 그때에 내가 가장 먼저 느꼈던 기분은 모두 흔히 예상하는 부담감이 아니었다. 오히려 안도감이었다. 물론 조금은 쑥스럽고 낯설기도 했지만 그들과 함께하는 것이 불편하다는 생각은 조금도 들지 않았다.

한밤중에 깨어나 낯설고 우락부락한 얼굴의 오빠들을 보게 되더라도 아주 잠깐 놀란 뒤에는 태연하게 꾸벅 인사를 하고 잠을 잤다. 그간 쌓여왔던 피로가 한꺼번에 밀려들면서 한동안 정신을 차릴 수 없었기 때문이다. 어쩌면 그때의 나에게는 부담이라는 것을 느낄 새가 없었는지도 모르겠다.

새로운 방식의 호흡이 시작되고, 낯선 얼굴들이 하나둘 익숙해져갈 때쯤 나는 곧 1인실로 이사를 가게 되었다.

"온유야, 봉사자들 때문에 환자들과 같이 쓰는 병실이 너무 복

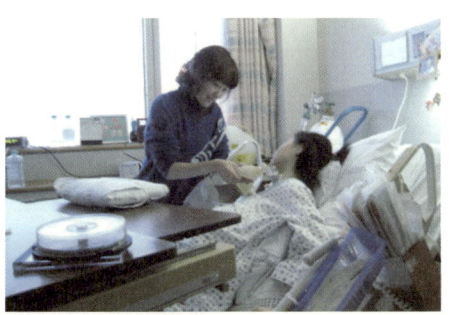

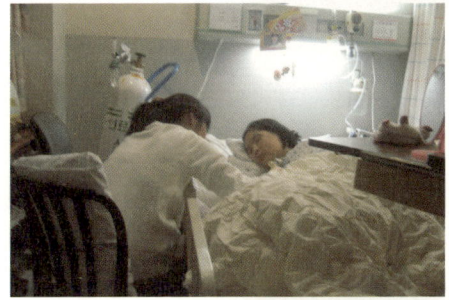

그렇게 기적처럼 시작된 릴레이 속에서
누군가 앰부를 누를 때마다 새로운 호흡이
폐부를 가득 채우고 목구멍 위까지 흘러넘쳤다.

잡해지니까 오늘부터는 1인실로 옮겨갈 거야."

이 소식을 듣는 순간, 그동안 한 번도 생각지 못한 전개에 소름이 돋았다.

'아니, 기적같이 호흡을 선물로 받은 지가 얼마 되지도 않았는데 이번에는 1인실로 이사를 간다고?'

병원에 들어온 뒤로 나는 언제나 1인실에 가기를 원했다. 왜냐하면 다인 병실에 있는 동안에는 사람들의 눈치를 늘 보아야 했기 때문이다. 그곳에는 보호자들을 포함해서 최소한 10명 정도의 어른들이 있었는데, 집에 돌아가시는 엄마는 매번 그분들께 "제가 없을 때 우리 온유를 잘 좀 부탁드릴게요" 하며 나를 맡기셨다.

그렇게 10대인 나는 병실 안에서 자유를 완전히 잃어버렸다. 나를 걱정하시는 어른들 틈에서 사생활을 누리지 못하게 된 것은 아픔과 외로움만큼이나 힘겨운 일이었다. 가장 힘들었던 순간은 너무 힘들어서 기도를 하고 싶은데 기도조차도 내 마음대로 할 수 없다고 느꼈을 때다. 매번 혼자 기도를 드리려고 하면, 엄마의 부탁대로 언제나 나를 유심히 관찰하고 계시던 주변 아주머니들로 인해 아주 곤란한 상황이 벌어졌기 때문이다.

"왜 엎드려 있니? 어디가 아프니?"
"온유야, 왜 울어?"
"누가 빨리 간호사 좀 불러줘요!"

아주머니들의 걱정이 더욱 극심해져서 온 병원을 발칵 뒤집어 놓기 전에 나는 당장 기도를 관두고 일어나 얼른 "아주머니들, 걱정하지 마세요. 아무것도 아니에요" 하며 손사래를 쳐야 했다. 때때로 침대에 딸린 커튼을 쳐놓고 몰래 기도를 하고 있으면 누군가 커튼을 발칵 열어젖혔다. 그 순간 기도로 눈물범벅이 된 모습을 들킬 때면 얼마나 민망했는지 모른다.

이런 일이 반복되면서 이내 혼자만의 공간을 절실히 바라게 되었다. 얼마나 간절했는가 하면 종종 비어 있는 1인실 앞을 기웃거리며 저 안에서 지낸다면 어떨까 하는 상상을 하곤 했을 정도였다.

그러던 어느 날, 우리 병동의 모든 환자가 2-3일 동안 다른 병실에 가서 머물러야 했던 적이 있다. 그 소식을 듣자마자 '이때야말로 절호의 기회!'라는 생각이 들어 즉시 수간호사님을 만나러 가서 "수간호사님, 이번에 이사를 갈 때 혹시라도 빈자리가 있다면 하루만이라도 1인실에 머물게 해주실 수 있어요?" 하고 부탁했다. 하지만 내게 돌아온 대답은 싸늘했다.

"꿈 깨."

그 한마디의 말에 참을 수 없을 정도로 약이 올랐던 나는 기도를 하기 시작했다.

"하나님, 저 이제는 어떻게든 무조건 1인실에 가야겠어요. 누가 뭐라고 해도 하나님이 1인실에 가게 해주세요."

한참을 그렇게 기도했지만 사실은 그다지 기대하지 않고 있었다. 딱히 좋은 대접을 받지 못하는 장기 환자의 입장에서는 차라리 퇴원을 하는 게 더 쉽지, 1인실에 가는 건 무리일 거라고 생각했다. 하지만 나의 하나님은 나조차 잊어버렸던 기도를 끝내 잊지 않으셨고 때가 이르자 당신의 방법을 통해 이루어주셨다.

그리고 새로운 병실에 도착하자 곧 또 한 번의 큰 기적을 경험하게 되었다. 이사를 가던 날만 해도 내 몸은 20kg이 넘는 부종이 생겨 거동조차 할 수 없는 심각한 상태였다. 스스로 숨을 쉬지 못하게 되면서 온몸에 붓기가 생겼던 것인데, 우리가 이사를 가던 그날, 의사는 부종에 대해서 이렇게 설명했다.

"폐와 심장이 망가진 탓에 혈액 순환이 안 되는 겁니다. 곧 심장에서 먼 곳부터 조금씩 썩어들어갈 거예요. 그때부터는 발가락부터 다리, 손끝을 차츰 잘라낼 수밖에 없어요."

우리는 무시무시한 설명에 놀라서 "그렇게 되기 전에 붓기가 빠질 수는 없을까요?"라고 되물었다. 의사는 "그럴 가능성은 없어요. 붓기를 빼려면 약을 써야 하는데, 그러면 당장 심장에 무리가 갈 테니까요. 이제는 저절로 붓기가 빠질 수 있는 몸 상태도 아니고요"라고 답했다. 하지만 의사의 얘기를 들은 친구들은 호흡을 불어 넣을 때마다 주님께 기도를 드리기 시작했다.

"의사는 안 된다고 해도 하나님은 하실 수 있잖아요. 우리의 기도와 이 손길을 통해서 온유를 회복시켜주세요."

그리고 의사의 단언이 무색해지도록, 바로 그다음 날부터 붓기가 빠지기 시작했다! 한 달쯤 지나자 온몸에 있던 붓기가 완전히 빠졌고 나는 아무 데도 잘라내지 않았다. 그 놀라운 회복을 지켜본 친구들은 우리와 함께하시는 하나님께 기쁨의 감사를 드렸다.

> 주님, 내가 주님을 찬양합니다. 내가 포위당했을 때에, 주께서 나에게 놀라운 은총을 베푸셨기에, 내가 주님을 찬양합니다. …주님을 기다리는 사람들아, 힘을 내어라. 용기를 내어라(시 31:21, 24, 표준새번역).

릴레이
온유

●

"지금의 순간을 담아두고 싶어. 우리가 함께하는 이 특별한 순간도 시간이 흐르면 언젠가 사라져버리겠지?"

어느 날 문득 우리는 웃다가 지쳐버린 서로의 얼굴을 바라보며 이런 걱정을 했다. 사랑스럽고 아름다운 사람들, 그리고 우리가 함께하는 행복한 순간들은 이대로 잊히기에 너무나 특별했던 것이다. 이 시간을 영영 기록해두고 싶은 마음에, 영상을 만들어보는 게 어떠냐고 얘기했더니 의욕이 충만한 영상 전공자들이 순식간에 자원을 하며 나섰다. 그렇게 우리만의 이야기를 담은 다큐멘터리 제작이 시작되었다.

이윽고 촬영이 시작되자 우리는 여러 가지 장면이 들어가야 한다는 핑계로 배달 음식을 잔뜩 주문하기도 하고, 보고 싶었던 친구들을 불러모으기도 하고, 또 서로에게 노래를 시키기도 했다. 말이 촬영이지, 장난을 치고 한바탕 신나게 노는 자리였다. 그런데 그렇게 놀다 보니 성실한 영상 전공자들의 노력으로 어느새 친구들의 눈으로 본 병실의 일상과 친구들의 인터뷰 등이 담긴 20분가량의 다큐멘터리 〈릴레이 온유〉가 완성되어 있었다.

나는 언제나 마지막 장면이 특별히 멋지다고 생각하는데, 함께 숨을 쉬던 수많은 친구가 한 명, 두 명씩 모여들다가 어느새 화면을 가득 채우고 "온유야, 사랑해!"라고 외치는 부분에서 매번 코끝이 찡해졌기 때문이다.

그 후 우리의 이야기는 어느 영상 공모전에서 대상을 받았다. 그리고 대상 받은 것을 계기로 이곳저곳에 알려진 우리의 이야기는 계속해서 '릴레이 온유'로 불리기 시작했다. 그때쯤부터 우리는 종종 큰 선물을 받았는데, 선물의 정체는 바로 다름 아닌 '사람들'이었다. '릴레이 온유'가 널리 알려질수록 더욱 다양한 곳에서 사람들이 찾아들었던 것이다! 새로운 친구가 찾아오는 날이면 우리는 언제나 이렇게 물었다.

"우와, 대체 어떻게 '릴레이 온유'를 알게 되셨어요? 막상 낯선 곳에 오시려면 쉽지 않았을 텐데… 어떠세요? 이런 곳은 정말 처음이지요?"

어쩌면 우리는 살아가는 동안에 서로 알게 되는 것은 물론, 마주치는 일조차도 없었을 사람들이었을지 모른다. 그런 우리는 기적처럼 만나게 되었고 함께 호흡을 주고받다가 어느새 나이와 지역을 넘어서는 친구가 되었다.

처음에는 교회 청년들이 참여한 작은 릴레이였지만, 점점 이곳을 찾는 경로가 다양해지고 있었다. 텔레비전이나 유튜브, 인터넷 기사를 통해서 알게 되었다는 사람도 있었고, 친구의 소개로 찾아왔다는 사람, 때로는 봉사단체를 통해 연결된 경우도 있었다. 우연히 영상을 보다가 나랑 이름이 똑같아서 오게 되었다는 '온유들'도 여럿 있었고, 도덕 시간에 선생님의 권유를 받고 찾아온 어린 학생들도 있었다. 어떤 대학에서는 한 사람이 시작한 릴레이가 후배들에게 줄줄이 전해져서 몇 년씩이나 이어지기도 했다.

얼마나 놀라운 일인가! 어쩌면 우리는 살아가는 동안에 서로 알게 되는 것은 물론, 마주치는 일조차도 없었을 사람들이었을지 모른다. 그런 우리는 기적처럼 만나게 되었고 함께 호흡을 주고받다가 어느새 나이와 지역을 넘어서는 친구가 되었다. 한 번 친구가 되면 이곳에다 마음을 죄다 두고 가기라도 한 것처럼, 사람이 부족하다는 얘기에 만사를 제치고 달려왔다. 우리는 그렇게 얼굴만 보아도 웃음이 나는 가족처럼 끈끈한 친구 사이였다.

하지만 우리가 걱정하던 대로 시간은 계속 흘러가고 있었다. 맨 처음을 함께했던 친구들은 대부분 대학생 언니, 오빠들이었는데 시간이 흐르자 점점 직장인이 되고 또 가정을 이뤄 부모가 되었다. 그렇게 시간의 제약 속에서 '만남' 뒤에는 반드시 '이별'이 찾아왔다. 몇 년을 함께 지내며 한껏 가까워졌던 친구들이 각자의 사정으로 인해 전처럼 이곳을 찾지 못하게 되면 우리는 매번 이별의 큰 아픔을 겪어야 했다.

"자주 찾아가지 못해서, 곁에 있어주지 못해서 미안해. 하지만 널 위해서 늘 기도하고 있어. 꼭 시간을 내서 다시 보러 갈게."

그렇게나 사랑을 주고도 더 많이 주지 못해서 늘 슬퍼하던 친구들은 걱정 어린 마음으로 누군가에게 자신의 바통을 넘겼다. 그러면 곧 그들의 릴레이를 통해 감명을 받았던 다른 이들이 찾아와 다시 그 릴레이를 이어갔다. 그래서 아무리 시간이 흘러도 아름답고 특별한 우리의 순간들은 결코 사라지지 않았다.

이곳에는 여전히 처음 기적이 일어난 그때처럼 도움이 필요하다면 열 일 제치고 달려올 만큼 각별한 애정을 품고 있는 친구들이 있고, 늘 겪어야 하는 이별 속에서도 한결같이 남아 11년이나 함께하고 있는 아주 오래된 친구들도 있다. 또 더 이상 함께 시간을 보낼 수 없게 된 친구들 역시 그들이 주었던, 결코 사라지지 않을 사랑과 기도를 통해 여전히 이 기적의 일부를 지탱하고 있는 셈이었다.

이렇게 기적은 입에서 입으로, 마음에서 마음으로 전해져 릴레이가 되었다. 이런 기적 속에서 살아가는 나는 매일 특별하고 새로운 하루를 맞이한다. 아침에 눈을 뜨면 언제나 가장 먼저 휴대

전화를 열어서 오늘의 릴레이를 확인하는데, 그 순간에는 늘 가슴이 두근거린다.

'오늘은 또 어떤 친구들을 만나게 될까?'

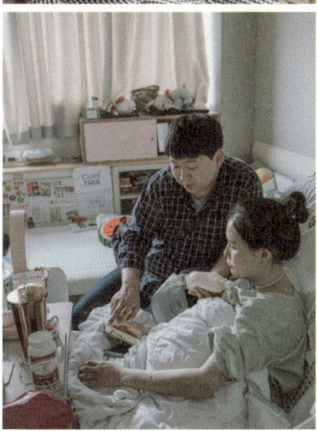

기적은 입에서 입으로,
마음에서 마음으로 전해져 릴레이가 되었다.

날마다 숨을
선물 받습니다

●

　릴레이에는 언제나 바통을 받아줄 사람이 필요하다. 그런데 이 릴레이는 바통을 넘기는 순간이 늘 문제였다. '릴레이 온유'에서는 불특정 다수가 자발적으로 각자의 릴레이를 이어가고 있었기 때문에, 어떤 날에는 너무 많은 봉사자가 몰려드는가 하면 어떤 날은 다음 바통을 받아줄 사람이 없어 한 사람이 계속 달려야 하는 상황이 벌어지기도 했다.
　그래서 몇몇 친구들이 릴레이 일정을 살피는 일을 맡아주었다. "시간표 담당자"라고 불리는 이 친구들은 매주 릴레이를 위한 시간표를 올리고, 수정하고, 또 수시로 부족한 인원을 모집하는 등 굉장히 막중한 역할을 해주었다. 가장 어려운 일이라 할 수 있는 이 일을 위해 친구들은 매일 엄청난 친화력을 발휘하며 최선을 다했다. 병실에 자주 드나들면서 수많은 봉사자와 교류하고, 때로는 수십 명의 연락처나 공강 시간, 최근의 근황까지 외워둘 정도였다.

하지만 그런 갖은 노력에도 불구하고 릴레이에는 언제나 공백이 생겼다. 아무리 애를 써도 도저히 자원자가 나오지 않는 날이 있었기 때문이다. 게다가 일정표가 꽉 채워진 날에도 방심할 수가 없었는데, 가령 누군가가 갑작스런 사정 때문에 신청을 취소하거나 때로는 이유 없이 연락이 두절되는 경우도 자주 있었기 때문이다. 정해진 시간이 넘어도 교대를 할 사람이 나타나지 않으면 앞서 봉사하는 친구들은 좀처럼 자리를 떠나지 못했다.

"온유야, 너무 걱정하지 마. 다음 사람이 올 때까지 내가 남아 있을게."

친구들은 나를 위해서 매번 수업에 빠지거나 약속을 취소했고, 그런 모습을 지켜보는 나는 매번 속이 타들어갔다. 그래서 나는 시시때때로 발생하는 공백과 변수를 없애보기 위해서 나름대로 무진 애를 쓰기 시작했다. 알고 있는 모든 사람에게 연락을 돌려보고, 그래도 안 될 때에는 몇 년 전에 딱 한 번 온 적이 있는 사람에게까지 연락을 했다.

하지만 어떤 때에는 하루 종일 휴대전화를 붙잡고 사방에 도움을 요청해도 "사람이 없어서 어떡해…. 근데 나도 오늘은 안 될 것 같아. 도와주지 못해서 미안해"라는 답만 돌아올 뿐 자원자가 나타나지 않는 날이 있었다. 거절은 모두에게 어렵다는 것을 알고 있다. 하는 이에게도, 받는 이에게도, 옆에서 기다리는 이에게도. 그런 복합적인 어려움이 나를 더욱 지치게 만들었다.

'이젠 어쩌지? 더는 부탁할 사람도 없는데….'

하지만 당장 릴레이가 끊어지는 것보다 더욱 심각했던 문제는 이런 일이 반복될 때마다 힘이 빠져버린 내 마음속에 시험이 찾아드는 것이었다. 늘 이렇게 지내와도 분명 괜찮았는데, 매일 주어지는 사랑에 감사하며 그 안에서 소망과 기쁨을 누릴 수 있었는데, 참을 수 없는 미안함과 무력감 때문에 그간의 은혜들이 하나도 생각나지 않았다. 그러다 보면 어느 순간 머릿속에서 무언가가 툭 끊어져버렸다.

'이렇게까지 계속 살아가야 하는 걸까? 친구들에게 더는 부담을 주고 싶지 않은데, 언제까지 모두에게 부담이 되어야 할까?'

사실 가끔씩 릴레이가 끊긴다고 해서 그렇게 큰일이 나는 것은 아니다. 고작 몇 시간이야 어떻게든 혼자서라도 앰부를 할 수 있으니까. 하지만 매일의 숨을 선물로 받아 살게 된 그때부터 나는 단 하루도 마음을 놓지 못했다. 결코 당연하지 않은 이 선물을 과연 내일도 무사히 받을 수 있을지 확신할 수 없었기 때문이다. 그러니까 어떻게든 오늘을 넘겨낸다고 해도, 앞으로 이런 일이 계속 반복되리라는 것을 알고 있었다.

벌써 11년째 그래왔듯이, 곁에 있는 친구들이 곤란해지는 상황을 막기 위해서, 또는 혼자서 앰부를 계속하셔야 하는 엄마를 위해서 또다시 마음의 고통을 참아내며 하루 종일 누군가에게 도움을 요청하게 될 것이다. 하지만 이렇게 해서는 고작 하루를 살아남을 뿐이었다.

그리고 나는 이렇게 흘러가는 하루하루를 더 이상 견딜 수가 없었다. 사람으로 태어난 이상 그저 살아 있다는 것만으로 어떻게 만족할 수 있을까! 나도 여느 사람들처럼 단지 살아 있는 것 이상의 성취가 있는 삶을 원했다. 하지만 머릿속 작은 틈 사이로 '겨우 살아 있기에도 버거운 마당에 그런 인간다운 바람은 사치야'라고 말하는 소리가 들려왔기 때문에 나는 마침내 폭발하고 말았던 것이다.

"하나님, 이렇게는 못 살겠어요. 그만 저를 데려가주세요."

이런 기도를 드리고 있을 때면 나의 마음은 더 이상 하나님을 느낄 수 없었다. 하지만 그런 날에는 언제나 다시 기적을 경험하게 된다.

"온유야, 안녕! 갑자기 네 생각이 나서 들렀어."
"안녕하세요! 몇 년 전에 앰부 릴레이를 알게 됐는데 이제야 신청해요. 오늘 봉사 신청이 가능할까요?"

지친 내가 손을 놓아버리면 매번 생각지도 못한 사람들이 내게 먼저 손을 내민다. 그리고 결국 넘치도록 채워지는 그 손길 속에서 나는 언제나 하나님을 다시 느낄 수 있었다. 그분이 주시던 놀라운 사랑과 기적이 늘 한결같았음을 기억해냈다.

"맞아, 여태 힘들지 않았던 날이 없지만, 내 곁에 아무도 없어서 숨을 쉬지 못했던 적은 단 한 번도 없었어."

그런 한결같은 기적을 선물로 받고 있는 나는 분명 이 세상에서 가장 복 있는 사람이다.
하지만 주어지는 기적이 크면 클수록 그것을 받아야 하는 사람의 입장도 그리 쉽지는 않았다. 지난 11년 동안 셀 수도 없는 기적이 일어나기까지, 역시 하루가 멀다 하고 들이닥치는 셀 수도

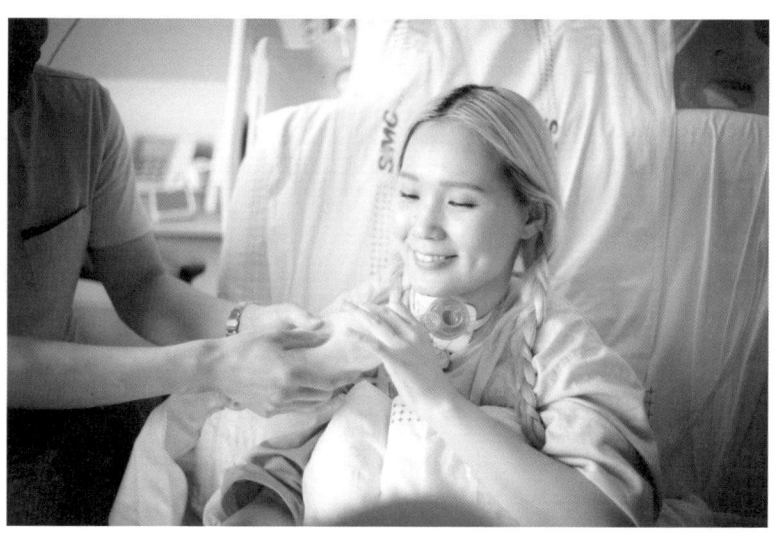

지친 내가 손을 놓아버리면 매번 생각지도 못한 사람들이 내게 먼저 손을 내민다.
그리고 결국 넘치도록 채워지는 그 손길 속에서
나는 언제나 하나님을 다시 느낄 수 있었다.

없는 위기가 있었기 때문이다. 나는 결코 이런 일을 감당할 만한 그릇이 아니었기 때문에, 매번 아주 작은 시험 하나에도 와르르 무너져 내리고 말았다. 하지만 또 그런 날에는 눈앞에 있는 천사들에게서 꼭 이런 말을 듣게 되었다.

"살아 있어줘서 고마워."
"다시는 봉사라고 얘기하지 마. 우린 봉사를 하러 온 게 아냐. 사랑하는 친구를 만나려고 온 거니까."

그리고 그때마다 나를 한없이 짓누르던 삶의 무게는 감사로 변했다. 아무런 이유 없이 받는 사랑을, 그런 사랑이 만들어내는 회복을 무엇으로 설명할 수 있을까? 이 모든 것이 하나님의 기적이라고밖에는 달리 설명할 길이 없지 않은가?

내 영혼아, 네가 어찌하여 그렇게 낙심하며, 어찌하여 그렇게 괴로워하느냐? 너는 하나님을 기다려라. 이제 내가 나의 구원자, 나의 하나님을 또다시 찬양하련다(시 42:11, 표준새번역).

함께
호흡한다는 것

●

친구들에게 호흡에 대해 어떻게 생각하느냐고 물어보면 모두들 딱히 호흡에 대해서 생각해볼 일이 없었다고 답한다.

"호흡은 그냥 저절로 되는 거 아냐? 평소에는 호흡을 하고 있다는 사실을 잊고 있을 때가 많은 것 같아."

그런데 실은 나도 마찬가지였다. 물론 호흡 때문에 오랫동안 고통을 받았고 수차례의 위기를 넘기기도 했지만, 그래도 딱히 호흡에 대해 생각해보지 않았다는 얘기다. 단순히 숨이 막혀올 때에는 '으악, 숨 막혀서 못 살겠다' 싶었고, 다시 숨이 쉬어지면

'휴, 이제야 살 것 같다'고 안도했을 뿐이다. 그러다가 더 이상은 제힘으로 호흡을 하지 못하게 되고 의사마저 내 생명을 포기해버렸을 때에는 '이제 숨을 쉴 수 없으니 아마 곧 죽게 되겠지'라고 생각했다.

그런데 마치 기적처럼 호흡을 선물로 받았다. 끊어질 줄로만 알았던 호흡이 전혀 당연하지 않은 모습으로 이어지기 시작했다. 그리고 단 한 번의 호흡조차 더 이상 자신의 것이 아닌 삶을 살아가게 되었다. 세상에 어느 누가 자신의 호흡을 다른 누군가에게 맡기고 싶을까? 호흡이란 가장 중요한 목숨줄과도 같은 것인데 누가 자신의 목숨을 타인에게 쉽게 맡길 수 있을까? 하지만 그동안 내 것인 줄로만 알았던 호흡은 이제 더 이상 내 손안에 머물러 있지 않았다.

막상 새롭게 주어진 호흡법은 경험해보니 상당히 아름답고도 신비한 일이었다. 친구들이 손을 쥐었다 폈다 하면서 작은 앰부를 누르면 그 손짓으로 내 숨이 이어졌다.

물론 우리는 이제까지 제각기 다른 템포로 숨을 쉬어왔기 때문에 함께 호흡을 맞추기란 그리 쉽지 않았다. 난생처음 타인의 호흡에 맞춰 숨을 불어 넣으려는 봉사자들은 매번 진땀을 뻘뻘 흘려야 했다. 나 역시 매번 다른 친구들이 만들어내는 수백 가지 모양의 숨을 받아 쉬느라고 자꾸만 기침을 해야 했다.

친구들은 늘 자신의 서투름으로 '온유가 아프면 어쩌나' 걱정을 했고, 나도 잔뜩 긴장한 친구들의 모습을 보면서 '이러다가 팔 근육이 아프면 어쩌나' 걱정을 해야 했다.

하지만 함께 숨을 쉬다 보면 우리는 곧 서로 다른 2개의 호흡이 하나 되는 것 같은 놀라운 경험을 하게 되었다. 때때로 앰부를 누르던 친구들은 덩달아 호흡이 빨라져서 어느새 나와 똑같은 템포로 숨을 몰아쉬었고, 그렇게 똑같이 숨을 맞춰 쉬다 보면 우리는 함께하는 호흡에 익숙해졌다. 그리고 진심 어린 마음이 익숙해진 호흡을 타고 전해져서 어느새 우리는 함께 호흡하는 서로를 믿고 있었다.

나를 믿어주는 친구들은 종종 나에게 자신의 고민을 털어놓곤 했는데, 나 역시 그들을 믿기에 그 손에 나의 호흡을 전부 맡겨두고도 불안했던 적이 없다. 만약 어떤 방식으로든 누군가와 함께 호흡을 맞춰본 경험이 있다면 이곳에서 일어나는 신비로운 현상들을 공감할 수 있을지도 모르겠다.

함께 호흡을 맞추고 나면 대체로 금세 가까워질 수 있는 법이다. 그러니 나는 가장 소중한 호흡을 잃어버린 대신, 사랑받고 사랑할 수 있는 기회를 누구보다도 많이 얻은 셈이라고 생각하게 되었다. 그러다 문득 태초에 있었던 첫 번째 호흡이 생각났다.

'해 아래에 새것이 없다고 하더니, 함께 호흡하는 이 기적도 나

에게만 일어난 일이 아니었구나.'

왜냐하면 성경은 '호흡'을 '루아흐'(rûah, 히브리어) 또는 '프뉴마'(pneuma, 헬라어)라고 부르는데, 이는 '호흡'을 의미하면서 동시에 '하나님의 영', '바람', '생기', '성령'을 뜻하기 때문이다. 태초에 계신 하나님은 뭉쳐진 진흙 더미에 자신의 숨을 불어 넣으셨고, 평범한 진흙 더미는 그 안에 들어간 하나님의 숨으로 인해 곧 하나님의 형상을 닮은 인간으로 변했다. 이 말씀은 과연 무엇을 뜻하는 것일까?

많은 사람이 자신의 생명을 소유하고 있다고 생각하며 살아가지만, 실은 하나님의 숨결이 사람 안에 머물러 있어야만 사람이 생명을 누릴 수 있다는 말이다. 이 말은, 즉 지금 이 순간 살아 숨쉬고 있는 우리 모두는 하나님의 숨을 받아 호흡하고 있다는 뜻이 아닌가? 그렇다면 우리는 모두 숨의 주인이신 하나님과 함께, 그분의 숨결이 머무는 이 세상의 모든 사람과 함께 늘 하나의 호흡을 함께 하고 있는 셈이다.

함께 호흡을 맞추고 나면 대체로 금세 가까워질 수 있는 법이다.
그러니 나는 가장 소중한 호흡을 잃어버린 대신,
사랑받고 사랑할 수 있는 기회를 누구보다도 많이 얻은 셈이라고 생각하게 되었다.

온유의 가족 이야기_

흙 한 톨 없는 곳에서 피어난 꽃을 보며
_ 엄마의 고백

    우리 가족은 현재 아파트 11층에 살고 있다. 어느 날 아침, 아파트 베란다 창틀 바깥쪽에서 쑥갓 잎처럼 생긴 싹이 돋아난 것을 발견했다. 너무나 신기하고 놀라웠다. 창틀에 비가 와서 물이 고일 경우 빠져나가는 작은 구멍 바로 그 지점이었다. 죄다 시멘트 벽이고 아주 좁은 그곳에는 흙이 한 톨도 없는데.

    나는 이 싹이 꼭 우리 온유 같다고 느껴졌다. 정말 너무나 힘든 가운데서도 참 기특하고 의연하게 잘 버텨주고, 밝은 모습으로 우리 곁에 있어주는 온유처럼 보였다. 나는 창틀에 매일 물을 부어서 '온유 꽃'에게 물이 흘러가도록 했다. 그리고 신기하고 기특한 싹이 곧바로 보이도록 베란다 안쪽에 있던 화분들을 다른 쪽으로 다 치웠다. 안방에서도 창문으로 바라보고, 거실에서도 바라보았다.

놀랍게도 이 싹은 계속 튼튼하고 건강하게 잘 자라더니 꽃봉오리가 맺혔고, 머지않아 그 봉오리에서 빨갛고도 예쁜 꽃이 피었다. 그 옆에 작은 싹이 하나 더 나오더니, 처음보다 더 약하고 작게 자라다가 그 싹도 꽃봉오리를 맺고 꽃을 피웠다. '온유 꽃' 옆에서 피어난 작은 꽃은 보잘것없는 내 모습처럼 느껴졌다.

15살에 갑작스럽고 어처구니없이 시작된 온유의 병상 생활과 그동안의 나의 삶의 시간은 주님의 생명책에 세세히 다 기록되지 않았을까? 영문도 모르고, 미처 예견하지도 못하고, 무슨 이유인지도 깨닫지 못한 상태에서 온유의 사고는 나와 우리 가족들에게는 그저 참혹하고 억울했고 모질고도 고통스럽게만 느껴졌었다.

아파트 베란다 창틀에서 피어난 예쁜 꽃.
나는 이 꽃이 꼭 우리 온유 같다고 느껴졌다.

모태신앙임에도 아직 미성숙한 나로서는 우선 이런 상황과 처한 문제에 대해서 어떻게 받아들여야 할지, 어떻게 해석해야 할지 아무것도 몰라서 주님께 백만 번쯤은 질문했고, 천만 번쯤은 타임머신을 타고서 수술 전 상태로 돌아가고 싶었다.

16년이 지난 지금은 정확히 알 수는 없지만, 주님의 선하신 손길과 인도하심이 함께하고 있다는 사실에 그저 놀란 가슴이 이제야 조금 진정이 되어서 주님의 손을 잡고 같이 걸어가는 것 같다. 아니라면 풍랑이 일어날 때마다 이 놀라운 평안과 은혜가 어디에서 왔겠는가? 바로 주님이 같이 가시고, 같이 아파하시고, 위로하시고, 책임져주신다는 사실 하나만으로 충분하게 일어서고 또 일어선다.

우리 온유는 참 기특하고도 놀라운 딸이다. 어미이지만 나는 우리 온유처럼 처한 상황을 견디지 못했을 것이고, 여기까지 이겨낼 수도 없었을 것이다. 그저 옆에서 보는 것만으로도 가슴이 답답해서 항상 웃음 끝에도 근심의 자락이 따라다닌다. 내가 차라리 대신 잠시라도 아파줄 수 있다면….

보는 것만으로도 마음이 무너지고 항상 그 모습이 그려져 잠을 자도 깊이 잠들지 못한다. 늘 머릿속을 떠나지 않는 생각 속에서 힘들기만 할 때가 많다. 그럴 때마다 주님이 위로해주셔서 주님께 걱정을 맡기고 또 맡긴다. 하지만 나는 다 맡기고 기도를 하고 나서도 돌아서서 다시 모든 불안, 근심, 걱정, 두려움의 소용돌이 속으로 빠지곤 했다.

내가 생각해도 한심한 나는 그래도 모태신앙인데 이름뿐이지, 주님과 개인적으로 전혀 소통이 되지 않는 내 생각에 사로잡혀 있는 고집불통이었다. 내가 주님과 소통이 잘 안되니, 고통이 닥쳤을 때에도 어찌할 바를 몰라서 온유에게 "네가 하나님께 부르짖고 매달려서 기도해서 응답을 받아야 하지 않겠냐" 채근을 하며 "앞으로 이렇게 우리가 어떻게 살겠니" 하고 토로했다. 그때 뜻밖에 온유는 아주 담담하게 말했다.

"엄마, 이제 나는 세상 성공이나 친구들과의 경쟁 같은, 사람이 바라보는 기준에서 떠나기로 했어. 나는 이제 하나님께 기준을 맞출 거야. 하나님은 나보고 '너 학교에도 못 가고 숨조차 못 쉬어서 어떻게 해? 남들은 다 성공을 위해 노력하고 있는데 너만 멈춰 서서 어떻게 할 거야?' 이러시지 않잖아? 그러니까 난 괜찮아. 나는 이제 주님께 기준을 맞추고 살 거야."

그러면서 또 "엄마, 이 세상은 아주 짧아" 하며 두 손으로 작게 표시를 하더니, 팔을 쭉 펴며 "그리고 천국은 끝이 없이 길어. 그러니 내가 이 세상에서 고생을 한다고 해봐야 얼마나 하겠어? 영원한 천국에 비한다면. 엄마는 왜 이 세상과 천국을 따로 분리해서 생각해? 나는 이 세상과 천국이 이어져 있다고 생각해"라고 말했다.

나는 장차 죽어서는 천국에 갈 거라고 믿고 있었으나 이 세상이 천국과 이어지고 연결되어 있다는 생각은 한 번도 해보지 않았던 터라 딸의 말을 듣고는 '그래, 나만 잘하면 되는구나' 생각했다. 안 그래도 바닥을 보고 있던 내 신앙의 부끄러운 모습에 말문이 막혔다. 늘 딸에게 NIV 성경 테이프를 틀어주고 설교 말씀을 들려주며 주입식 신앙 교육을 강요했던 나는 어린 딸이 가진 나와는 다른 차원의 신앙고백을 듣고, 그 후로 더더욱 나의 신앙에 대한 성찰을 하게 되었다.

참 좌충우돌의 시간이었다. 그런 어려움 중에도 정말 부인할 수 없는 주님의 손길이 늘 함께하고 있다는 사실에 대해서 말하지 않을 수 없다.

크고 작은 많은 은혜가 있지만, 벌써 11년째 하루도 빠짐없이 앰부 봉사자들을 24시간 보내시고 늘 채워주신다. 그리고 위험한 상황에 직면하거나, 또는 영적으로 힘들어할 때에 반드시 알려주는 사람을 보내시거나, 상황에 맞게 누군가를 통해서 일하시는 주님을 경험하곤 했다. 혼자 기도하는 것조차 힘들 때면 같이 기도할 사람을 꼭 보내셨고, 때로는 말씀을 주셨고, 때로는 돕는 사람을 통해 항상 필요한 것들을 채우셨다. 그래서 견딜 만큼, 감당할 만큼 고난을 허락하심에 대해서 감사하지 않을 수 없다.

이렇게 때마다 일마다 일하시고, 도우시고, 함께하시는 주님 앞에서 그저 감사하다고 하지 않을 수 있겠는가? 지금도 나는 온유 옆에서 이 감사하고도 놀라운 일들을 생각하며, 최근 겪은 상황들 속에서도 경험하게 된 일들을 떠올리며 앰부를 누르고 있다.

하나님이 이끄시지 않으면 온유를 포함해 우리 가족이 다시 이렇게 행복할 수 없을 것이라고 생각한다.

다른 사람들에게 소망과 희망을
전하고 있는 천사가 된 우리 딸
_ 아버지의 편지

사랑하는 우리 딸! 지난 16년은 아버지에겐 너무나 긴 악몽이었단다. 아니 차라리 꿈으로만 끝날 수 있다면 얼마나 좋을까? 악몽에서 깨어나 보면 냉엄한 현실 한가운데 서 있는 나를 발견하곤 했단다. 그때마다 밀려오는 허무와 공허함 속에서 어찌해야 될지 방황했지.

왜 하필이면 우리 가정에, 그리고 사랑하는 우리 딸에게 이런 일이 생겼고, 모진 고난의 길이 시작되었는지. 기나긴 터널의 암흑 속에서 내가 서 있는 곳이 어디이며, 어디까지 가야 그 길이 보일는지, 낙심하고 절망 가운데 있을 때 예수님이 우리 온유를 만나주셨잖니….

온유는 수술을 받을 때, 그것도 이 세상에서 마지막이 될지도 모르는 절박한 상황인데도 오히려 부족한 부모들을 위로한 자랑스러운 우리 딸이란다. "아버지, 어머니, 너무 슬퍼하지 마세요. 수술하다 죽으면 하나님이 계시는 천국에 가서 좋고, 또한 살려 주시면 하나님 은혜로 살아난 것이니 이 또한 기쁜 일이 아니에요?"라며 부모를 위로하고 웃으면서 들어가곤 했었지.

그러기를 10여 차례…. 우리 모두 지쳐서 더 이상 버틸 수도, 기도할 힘도 없었을 때 하나님은 그때마다 목사님을 통하여 말씀을 주셨고, 기도의 동역자를 붙여 기도하게 하셨고, 사람이 필요할 때 지원군을 보내주셨으며, 경제적으로 어려워 힘들어할 땐 물질을 보내주셨지. 아버지는 이 많은 분을 통해서 하나님이 우리 딸의 생명을 붙잡고 계심을 수없이 느낄 수가 있었단다.

사랑하는 딸! 오늘도 아버지는 네가 살아 있어 호흡하고 있는 모습을 보는 것만으로도 기쁘단다. 기뻐할 수 없는 상황에서 기뻐하고, 감사할 수 없는 상황에서 감사하는 마음을 네 안에 예수님이 주셨잖니.

사랑하는 우리 딸! 고맙다. 그리고 사랑한다. 세상에서의 너의 모습은 16년 전 중학교 2학년에 머물러 있지만, 아버지가 네게 기대하고 바랐던 세상 욕심을 버릴 수 없어서 하루도 편한 마음으로 살 수가 없었을 때 모든 것을 예수님께 맡긴 너의 모습에서 아버지는 평안함을 얻었단다.

네가 중환자실에서 고통 가운데 울부짖고 있을 때 예수님이 얼마나 마음이 아프셨겠니. 네가 스스로 호흡할 수 없을 때 부러진 갈비뼈를 보시고 얼마나 눈물을 흘리셨겠으며, 척추가 휘고 심장이 고동칠 때 그 뛰는 가슴을 붙잡고 얼마나 슬퍼하셨겠으며, 숨이 넘어가는 너를 붙잡고 살리시느라고 예수님이 얼마나 애가 타셨겠니. 그때도 지금도 너와 함께하시는 예수님이 네게 작은 예수의 삶을 살 수 있도록 마음을 새롭게 회복시켜주셨으니, 예수님이 우리 온유에게 얼마만큼 큰 기대를 하고 계실까?

사랑하는 딸! 하루하루를 감사하고, 부모를 위로하고, 다른 사람들에게 소망과 희망을 전하고 있는 천사가 된 우리 딸! 아버지는 하나님이 우리 딸을 통해 하실 그 일이 궁금하고 궁금하지만, 오늘도 기대하며 기다림으로 우리 딸이 있는 병원 문을 들어선단다.

또한 너와 언니, 동생이 어릴 때부터 믿음 안에서 성장할 수 있도록 지도해주신 명성교회 공동체와 사역자들, 특히 청년대학부 지체들의 헌신적인 도움에 진심으로 감사의 마음을 전하고 싶구나. 여기까지 인도하신 에벤에셀의 하나님께 영광을 올려드리며, 할렐루야!

너는 너의 일을 하라
_ 언니의 기도

처음에는 온유에게 일어난 일이 무슨 일인지 믿어지지 않았다. 아마 믿고 싶지 않았던 것 같다. 그래서 2-3년간 매일같이 눈물을 흘리고 우울한 일상을 보냈었다. 누가 온유에 대해 물어보기라도 하면 눈물이 줄줄 흘러 대답하기도 힘들 정도였다. 그래서 매일 새벽예배에서 울며 기도했었지만, 아무런 응답도 들려오지 않았고, 온유는 중환자실에 가는 등 계속된 어려움만 찾아오는 것 같았다.

고3 입시 기간에도 나는 그렇게 좋아하던 미술도, 해야 하는 공부도, 아무것도 제대로 하지 못하고 시간만 보내버리고 있었다. 그때 아버지가 기독교 기숙사 학원에서 재수 공부를 권하셨고, 뭐라도 상관없다는 마음에 가기로 결정을 했다. 사실 그곳의 시스템은 기독교적으로도, 학업적으로도 너무나 부족했지만, 지하에 예배실이 있어서 매일 아침마다 예배실에 내려가서 기도를 할 수 있었다. 그 시간이 나를 버티게 한 것 같다. 그때의 나는 독이 오를 대로 올라 기도할 때마다 목이 쉬도록 소리를 질렀다.

한 달 정도 그리했을 때 갑자기 하나님이 나에게 찾아오셨다. "네가 그렇게 온유 일로 안달할 일이 아니다. 온유는 내가 감당할 것이니 너는 너의 일을 하라"고 강하게 마음을 주셨다. 온유의 의료사고 이후 한 번도 그런 식으로 생각을 못했기 때문에 정말 깜짝 놀랐다. 아마 누군가가 나에게 그렇게 이야기했으면 당신 일이 아니니 쉽게 이야기한다고 생각했을 것이다.

하지만 놀랍게도 나는 그 순간 이후로 정말로 온유의 일을 가슴 아프고 괴롭게만 생각하지 않게 되었다. 사방이 막힌 검은 동굴 속에서 빛으로 확 끌어당겨진 느낌이었다.

그렇게 정신을 차리고 보니 온유는 의외로 정말 담담하게 상황을 받아들이고 매일매일 더 하나님과 함께하는 삶을 살고 있는 것이 보였다. '왜 나는 그동안 온유처럼 생각하지 못했을까?' 그러고 보니 엄마도 그전의 나와 같이 스스로 자책을 하며 지금의 상황을 받아들이지 못하고 괴로운 나날을 보내고 계신 것이 보였다. 하지만 좀 더 시간이 흐를수록 엄마도 온유의 상황과 온유가 하는 행동을 보며 점점 온유같이 생각하는 법을 배워가고 계셨다.

어떻게 온유는 그 많은 수술과 괴로움을 처음부터 그렇게 의연하게 받아들이고 밝은 모습으로 오히려 주변 사람을 격려할 수 있었을까? 온유는 하나님이 그전에 이미 찾아오셔서 마음을 만져주신 것이 아닐까?

그리고 온유의 그 모습은 온유를 도우려 보내신 앰부 천사들에게도 영향을 미쳤다. 그들 중에는 마음에 고통을 받았던 것, 그동안 외로웠던 것들을 털어버리는 모습도 많이 보였다. 그 모습을 보면서 매번 나는 '아, 그래서 하나님이 온유를 택하신 거구나'라고 생각했다. '그래서 하나님이 나에게도 그리 말씀하신 거구나' 하고 매일같이 깨닫고 있다.

인간적으로 보면 온유와 가족들에게는 이런 괴로운 일이 세상에 또 있을까 싶은 절망적인 상황이지만, 하나님의 계획 속에 온유는, 어쩌면 가장 먼저 그분의 계획을 깨달은 온유는 절망 속에 남아 있지 않았다. 그리고 내가 알아차리기 전부터 온유는 그 하나님의 계획을 사람들에게 전파하고 있었다.

인간의 힘으로는 봉사자들이 11년간 끊임없이 이렇게 밤낮으로 올 수가 없으며, 하나님이 이끄시지 않으면 온유를 포함해 우리 가족이 다시 이렇게 행복할 수 없을 것이라고 생각한다. 서로가 사랑하지 않으면 행복할 수가 없다. 절망의 마음에서는 사랑이 나오기보다는 슬픔, 미움, 원망하는 마음들만 자꾸 생겨나고,

그 마음들이 또다시 더 깊은 절망으로 끌어내리기 때문이다.

　그래서 나는 온유의 마음을 주님의 빛으로 구원해주신 하나님께 감사드리고, 나와 우리 가족을 주님의 빛으로 이끌어주신 하나님께 감사드린다. 또한 온유를 통해 봉사자들을 주님의 빛으로 이끌어주시는 하나님께 감사드린다.

사랑해, 언니
_ 동생의 감사

갑작스러운, 막을 수 없었던 의료사고와 육체적 고통이 언니에게 찾아왔을 때 같은 피를 나눈 한 가족이지만 그 고통을 나눌 수 없는 상황에 항상 미안한 마음을 가지고 있다. 그런 고통이 나에게 왔을 수도 있는데, 아무런 잘못도 없는 14살 소녀인 언니에게 그런 사고가 생겼다는 사실은 '왜 하나님은 그러한 사고가 일어나는 것을 놔두셨을까?' 하는 의문을 가지게 했다.

그리스도인에게 있어서 고난은 훈련의 과정과 같다고 한다. 하지만 예수님의 마음을 가지고 있지 않은 사람들의 경우, 고난은 피해야 할 불행이고 업보라는 생각을 하곤 한다. 그러나 나는 그와 반대로, 지금 언니의 주변에서 위로가 되어주는 믿음의 친구들이 마음속에 그리스도의 마음을 품고 그들의 손으로 언니의 부족한 폐가 되어 도와주는 모습을 보고, '작은 예수가 모인 교회'와도 같다는 생각을 하게 되었다. 그리고 언니의 삶을 가족으로서 가까이에서 볼 수 있는 상황 가운데 날마다 감사함을 느끼고 있다.

쉽사리 세속적인 생각을 하고 마는 나에게 언니는 항상 정말 훌륭한 현실의 동역자이자 조언자다. 욕심 많은 나의 성격은 예수님을 구주로 영접하고 성화의 길로 나아가는 과정에서 세상적인 기준들을 끊임없이 나의 중심으로 끌어오려고 한다. 그때마다 언니에게 나누면 여러 조언들을 얻을 수 있다. 많은 아픔을 겪고 육체의 소욕이 많지 않은 언니는 예수님께로 나아가는 외로운 길, 좁은 길에 소중한 위로의 친구가 되어준다.

얼굴과 눈빛을 보면 그 사람이 어떤 사람인지 알 수 있다고 한다. 나는 언니의 사진을 보고 언니의 있는 그대로의 모습을 그리고자 노력했다. 하나님이 주신 관찰력으로 언니라는 사람을 생각하며 그 사람을 잘 표현해내고 싶다는 생각이 언니 고유의 표정과 눈빛을 살려서 그리게 해주었던 것 같다.

나는 언니를 본받고 싶어 하는 마음이 항상 있기 때문에, 자화상보다도 언니 그림을 그리는 게 더 좋다. 주로 설치미술을 만들어왔지만, 초상화를 그린다면 나와 함께 있는 사람을 바라보아야 하기에 나 자신이나 다른 사람보다도 언니를 그릴 것 같다. 함께 있는 시간을 사진뿐이 아닌 나의 손으로 기록해나가는 일은 참 낭만적인 것 같다.

초등학교 2학년 때 언니가 아픈 이후로 나는 집에서 혼자 있는 시간이 많아졌다. 무료한 시간을 보내고자 날마다 컴퓨터 게임을 하거나 영화나 만화를 봤다. 언니가 수술을 하는 날에는 날씨 좋은 하늘을 보면서 평화롭게 학교에 갔다가 집에 오는 나의 일상에 어색함을 느꼈다. 언니를 면회하러 중환자실을 갈 때면 작은 편지와 선물들을 들고 갔다. 그리고 아프기 전에 카리스마 있고 무서웠던 언니가 고통 속에 말라서 괴로워하는, 이전과는 다른 모습을 보면 갑자기 숙연해지곤 했다.

언니가 중환자실에서 나오고 호흡기를 달고 일반 병실에서 지낼 수 있게 된 후부터는 언니와 함께 많은 시간을 보낼 수 있었다. 매일 면회 오는 엄마 대신 며칠 동안 머물며 언니와 지냈던 것은 이때부터였던 것 같다. 언니가 아프기 전에는 이렇게 같이 있는 시간을 소중히 여기지 않았는데, 병원에서 더 가까워진 것이다. 함께 있는 사람이 좋으면 그 장소마저도 귀하게 변한다는 사실을 그곳에서 처음 느꼈다.

사이좋은 자매에게 병원의 다양한 장소들은 우리의 놀이터였다. 언니가 잠이 들면 몰래 언니의 일기를 들춰서 읽기도 하고, 같이 그림도 그리고, 비즈 공예도 하고, 맛있는 피자를 시켜서 둘이 다 먹기도 하고, 산책 나가 화관을 만들고 사진도 찍었다. 그때 사진을 보면 너무나 그립다.

그러다가 또 한 번의 위기가 언니에게 찾아왔다. 호흡기에 의존해 숨을 쉬었는데 그조차도 못하게 되는 상황이 되었다. 온몸이 퉁퉁 부어서 의식 없이 누워 있는 언니를 보면서 다시 마음이 아팠다. 둘이 머리카락을 땋으면서 놀곤 했는데, 이제 언니에게 머리카락은 걸리적거리는 존재가 되었다. 나는 언니의 머리카락을 가위로 잘라 단발로 정리해주었다. 보통 머리카락에 손을 대면 예민하게 감시했을 언니가 미동도 없이 앉아 있는 모습을 지켜보며 앞으로 어떻게 될지 몰라 불안함을 느꼈다.

이 위기 가운데 하나님은 언니에게 앰부로 호흡할 수 있도록 돕는 도움의 손길을 보내주셨다. 이전에는 언니와 둘이 함께 축복의 시간을 보낼 수 있었다면, 이후에는 많은 그리스도인과 함께 지낼 수 있는 또 다른 축복을 더해주신 것이다.

비록 24시간 다른 사람들과 함께 있어야 하는 언니에게 개인적인 시간이 없어져서 더 이상 일기를 쓰지 않아 훔쳐볼 일기가 없어지긴 했지만, 언니가 살아서 하나님이 허락하신 귀한 시간을 보낼 수 있다는 사실에 매우 감사하고 있다.

벌써 이와 같이 앰부를 하고 개인 병실에서 언니와 봉사자들과 지낸 지 11년이나 되었다. 귀한 마음을 가진 그리스도인들과의 만남과 언니와의 교제를 주신 하나님의 넘치는 은혜에 행복을 느낀다.

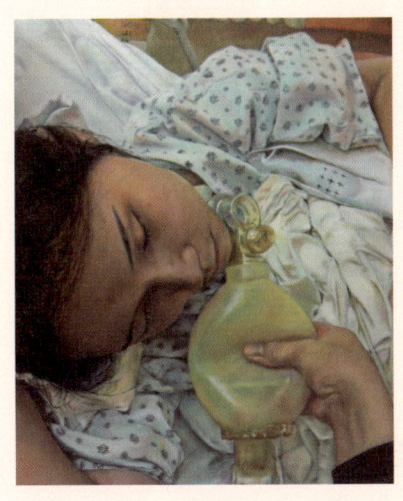

나는 언니 그림을 그리는 게 좋다.
언니의 삶을 가족으로서 가까이에서
볼 수 있는 상황 가운데
날마다 감사함을 느끼고 있다.

동생이 그린 유화, "온유의 쉼"

온유의 만화 – 엄마 편

1. 우리 엄마는 소녀 같다

엄마 관찰 1) 종종 병실에 여유가 있을 때면, 계단 오르기 운동을 하러 가신다

엄마 관찰 2) 같은 연배의 친구들과 있을 때에도 우리 엄마는 뭔가 다르다

• 이를테면 재미있는 얘기를 똑같이 들어도 엄마 혼자만 폭소를 터트리신다

• 깜짝 놀랄 만한 얘기를 들을 때도 얼굴에 감정이 격하게 드러난다

2. 엄마의 그런 점에 대해 이야기하면 늘 싫어하는 척하지만, 귀엽다는 말을 내심 즐기신다

3. 샤워 중엔 늘 뭔가 노래를 부르시는 소녀 같은 엄마가 나는 좋다

5

호흡처럼
가까운_
친구들 이야기

숨 쉬지
못해도
괜찮아

앰부 천사들의
편지

●

 이 글은 내 곁에서 나와 함께 호흡하며 오랫동안 앰부 천사가 되어준 나의 소중한 친구들이 직접 쓴 이야기들이다. 누군가 매주 같은 시간에 맞춰 나를 찾아오기 시작하면 나는 마치 어린 왕자에게 길들여진 여우처럼 언제부턴가 그가 오는 시간을 기다리게 된다. 새로운 친구를 만날 때의 설렘도 좋지만, 오랫동안 함께한 친구들과의 만남은 집처럼 따뜻하고 편안하다.

 '나에겐 언제나 그러하듯이, 너에게도 우리가 함께하는 이 한때가 마음속 깊은 곳에 오래도록 남는 아름다운 시간이 되길….'

인상적인 온유

김온유 하면 떠오르는 단어가 있다. 한국어로 '인상적'이라는 말이다. 영어로는 'impressive'라고 하는데, 이 단어에는 두 가지 의미가 있다. 첫째, 제일 많이 사용되는 의미는 어떤 실력에 대한 감탄이다. 예를 들어, 올림픽 경기에서 멋진 활약을 보여준 하이다이빙 선수를 보면서 그의 실력이 '인상적'이라고 말할 수 있다. 그러나 내가 온유에 대해 '인상적'이라고 할 때는 두 번째 의미가 더 적합한 것 같다.

두 번째 의미의 '인상적'이라는 말은 영어 동사 'impress'에서 비롯되는데, 이는 '무언가 아로새기다', '흔적을 남기다'라는 뜻이다. 흔적이 남으면 이전과 달라진다. 본래 것이 영원히 사라진다. 가령 올림픽 하이다이빙 선수의 실력은 '인상적'이었더라도 그 경기를 보기 전의 나와 본 이후의 나는 동일한 사람이다. 그런데 내게 흔적을 남긴, 두 번째 의미의 '인상적' 경험은 온유를 만났을 때였다. 온유는 내게 강렬한 무언가를 남겼고, 그것을 통해 나는 영원히 변화되었다.

온유라는 사람에 대해서 처음 들었던 때가 기억난다. 한국에 온 지 한 달쯤 되었고, 나는 신촌의 어느 레스토랑에서 자매 사이인 두 친구와 함께 저녁을 먹고 있었다. 그중에서 한 명이 어릴 때 친구를 보기 위해 병원에 자주 다닌다며 숨 쉬는 데 도움이 필

미국인 친구 아담은 암울하고 비통한 영혼을
보리라 생각하고 왔다가 대신 생명과 환희와
소망으로 가득찬 여성을 보았다고 한다.

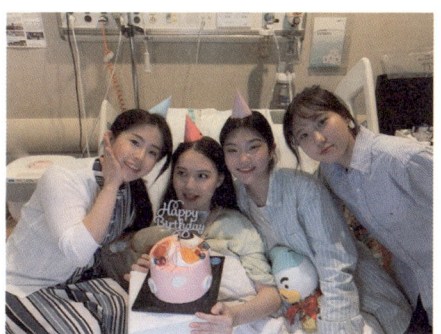

친구들은 그 외롭고 절박한 싸움을 그냥 보고 있지 않았다.
"우리 청년대학부가 한 명씩이라도 가서
릴레이로 앰부를 하면 되지 않을까요?"

요한 친구라고 말했다.

처음에는 잘못 들은 줄 알았다. 아니, 숨 쉬는 데 도움이 필요하다고? 나는 좀 더 자세하게 설명해달라고 했고, 그 친구는 앰부 릴레이에 대한 이야기를 들려줬다. 좀처럼 상황이 머릿속에 그려지지 않았던 나는 계속해서 질문을 던졌다.

"밤이 되면 어떻게 해? 봉사자들은 집에 안 가고 밤새 앰부를 하는 거야? 기계를 달아 숨 쉴 수는 없는 거야? 그토록 오랜 세월을 어떻게 병원에서 지낼 수 있어?"

사실 이런 의구심은 당연한 것이라 생각한다. 숨을 스스로 못 쉬는 사람이 어떻게 살아갈 수 있을까? 그리고 최첨단을 걷는 현대에 이 문제를 해결할 기계 하나 없단 말인가?

친구는 조만간 병원에 함께 가자고 했다. 가기로 한 당일, 나는 장례식 같은 무거운 분위기를 예상하며 병실에 들어섰다. 친구보다 일찍 도착했기에 온유와 조금은 조용하고 어색한 인사를 나눴다(훗날 듣기로는 온유가 외국인 친구의 방문을 잔뜩 기대했다가 나를 보고 처음에 실망했다고 한다). 나중에 친구가 합류하면서 분위기가 편해졌고, 그날 우리는 4시간이나 병원에 있었다. 그리고 그날 목격한 것으로 인해 나는 완전한 충격에 휩싸여 병원 문을 나섰다. 암울하고 비통한 영혼을 보리라 생각하고 갔다가 대신 생명과 환희와 소망으로 가득찬 여성을 봤던 것이다.

　나는 나 자신에게 물었다. 만약 온유처럼 끝없는 고통에 시달리며 병실 안에 갇혀 지낸다면, 그것도 한 호흡조차 스스로 쉬지 못한 채 사생활을 송두리째 빼앗긴다면… 그렇다면 나는 어떻게 반응했을까? 온유를 만나고 그녀의 산산조각 난 인생을 알고부터는 어떠한 불평도 입 밖에 꺼낼 수 없었다. 온유가 지난 시간 겪었던 고난은 내 삶 전체보다 힘겨워 보였다.

　나는 온유가 성령 하나님의 능력과 그리스도 안에 있는 믿음을 보여주는 산 증인이라고 믿는다. 육신의 관점에서 보면 온유의 소망과 기쁨과 평안에는 이유가 없다. 온유의 인생은 그저 행복을 좇아 더 나은 환경을 만드는 데 열중하는 우리에게 큰 충격을 준다. 나는 김온유를 통해 참된 기쁨이란 저 높은 곳의 은혜로부터 비 오듯 쏟아지면서 우리 내면에서 솟구친다는 사실을 마음에 새겼다.

천사 아담_ 미국인 친구, 군인

온유의 회복과 온유의 새로운 꿈을 위해 기도하다

　교회에서 온유의 그룹장이 되어 몇 달이 지난 어느 날이었다. 늘 병원복을 입고 있었지만 함께 이야기도 나누고 맛있는 음식도

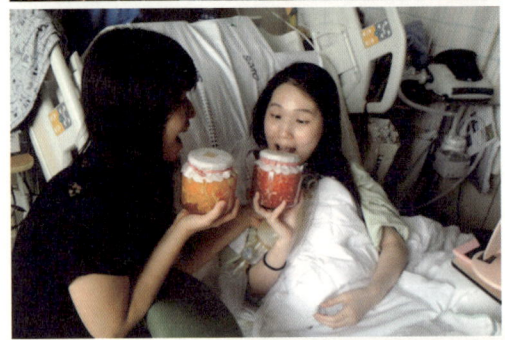

"음… 여기서 나가 부산이랑 바다랑 다니면서 맛있는 거 먹자!"
우리에게는 꿈이 있다. 그 꿈이 끝나지 않기를 기도한다.
그리고 의심 없이 그 기도가 이루어질 것이라 믿는다.

같이 먹던 온유였는데, 온유 어머니에게 다급히 전화가 왔다. 어머니는 울먹이고 계셨다. 온유가 이제 많이 힘들 것 같다고 말씀하시면서….

일원동까지 단숨에 달려가 병실에 들어선 나는 온유의 모습에 마음이 찢어지는 듯했다. 퉁퉁 부어 있었고 무언가에 중독된 듯 몽롱한 눈빛은 나를 잘 알아보지 못하는 것 같았다. 온유의 아버지와 어머니, 오로지 두 분이서 앰부를 번갈아가며 밤새도록 하고 계셨다.

그 외롭고 절박한 싸움을 그냥 보고만 있을 수 없었다. 나는 그 길로 다시 청년대학부 목사님을 찾아갔다. 목사님은 어떻게 하면 좋을 것 같냐고 내게 물으셨다. 어디서 그런 용기가 나왔을까? 나는 "우리 청년대학부가 한 명씩이라도 가서 릴레이로 앰부를 하면 되지 않을까요?"라고 대답했다. 나는 사실 늘 재고, 따지고, 정확하게 일하는 스타일이었다. 그런 내가 아무런 계획도 없이 다소 무모하게 그런 대답을 했다. 나중에 생각해보니 나의 말이 아니라 하나님의 일하심이었던 것 같다.

책임져야 할 많은 일이 뒤따를지도 모르는데 목사님은 흔쾌히 함께해주셨고, 당장 그날 저녁부터 온유의 앰부 릴레이가 시작되었다.

릴레이를 시작하기 전 먼저 앰부를 직접 해봤는데 쉽지 않았다. 온유의 가냘픈 숨을 계속 주시하면서 들숨과 날숨에 맞춰 앰부를 하다 보면 팔이 저려왔고, 조금만 실수하면 온유가 괴로워했기 때문에 부담감도 만만치 않았다. 그래서 한 타임을 3-4명 한 조로 구성해 하루 4교대로 배치했다.

매주 주일 저녁예배 이후 광고를 했고, 나는 휴대전화로 신청을 받아 봉사자들을 배치했다. 자기 차례임을 확인할 수 있도록 하루 전에는 재안내 연락을 보내고, 앰부가 비어 있는 시간이 있으면 한 번이라도 봉사한 적이 있는 청년대학부원들에게 문자를 돌려서 채워 넣었다. 교인들로 되지 않을 때는 동창들까지 동원했다.

이렇게 할 수 있는 게 스스로 신기할 만큼 지치지도, 힘들지도

않았다. 오히려 생명이 달린 일이 내게 맡겨졌다는 사실에 감사했고 그 어느 때보다 하나님과 나는 참 가까웠다. 앰부 봉사자가 부족하거나 휴대전화 요금이 너무 많이 나와 기도할 때면 하나님은 늘 빠르고 세밀하게 채우셨다.

온유의 앰부 릴레이가 시작되고 세월이 지나 나는 그사이에 대학원을 졸업하고, 아프리카 봉사도 다녀오고, 결혼도 하고, 4살 아이의 엄마가 되었다. 그 많은 일이 지나는 동안 앰부는 한 번도 끊어지지 않고 계속 이어지고 있으며, 하나님은 여전히 성실하게 일하고 계신다. 예전처럼 앰부를 하거나 사람들을 모으는 일을 하고 있지는 않지만 앰부가 이어지고 있음에 늘 감사하고, 온유의 회복과 온유의 새로운 꿈을 위해 기도한다.

천사 이다랑_ 2008년도 첫 번째 시간표 관리 봉사자

바리스타, 그리고 수요 먹방의 시작

처음 갔던 병원의 1인 병실에는 한 여자아이가 앉아 있었다. 나와 동갑이라는 아이, 요술공주 세리와 같은 단발머리를 한 소녀였다. 처음 만난 날, 내가 커피를 만드는 바리스타라고 소개하

자 굉장히 관심 있는 눈으로 나를 봤던 게 기억이 난다. 그때 온유는 "나도 한 잔 내려줘!"라고 했고 나는 망설임 없이 "그래, 다음엔 여기 도구 들고 와서 내려줄게"라며 조금은 무모한(?) 약속을 했다.

얼마 후 나는 핸드밀부터 해서 이것저것 바리바리 싸 들고 다시 1801호를 방문했다. 그때 온유도 깜짝 놀란 얼굴이었다. 그렇게 커피를 내리는 묘한 캐릭터를 풍기며 나와 1801호, 그리고 온유와의 인연은 시작되었다.

군 전역 후 바쁜 나날을 보내느라 1801호에 가지 않은 지 약 1-2년쯤 되던 어느 겨울이었다. 그때 일하던 가게가 없어져서 백수로 지냈는데, 마침 수요일이었다. 수요예배를 가는 도중 친구에게서 전화가 걸려왔다. 다들 수요예배를 가서 봉사자가 아무도 없다는 것이었다. "내가 지금 갈게!" 하고 온유를 다시 만난 것은 봉사자가 많이 부족해 보였던 2014년 12월 겨울이었다.

매주 수요일 저녁에는 사람이 부족하다는 이야기를 듣고 처음으로 고정 타임을 신청했다. 내 짐작인지 모르지만, 나는 서툰 앰부로 4시간을 내리 계속하고 있는 게 온유에게 미안했는데, 온유는 반대로 내가 혼자 앰부를 하고 있는 상황이 미안했던 모양이다. 챙겨주고 위로해주려고 갔던 나는 오히려 온유가 나를 챙겨주고 신경써준다는 사실에 정말 고마웠다.

이전에는 앰부를 하면서 온유와 딱히 대화를 주고받지 않았는데, 치킨을 시켜 먹으며 먹을 것에 대한 이야기로 보낸 4시간은 생각보다 지치지도 않았고 시간도 금방 갔다. 그날 하루가 온유와 가까워진, 기억에 남는 시간이었다.

그날 이후로 우리는 맛있는 것, 먹는 이야기로 친해지기 시작했다. 당시 내 안에 강하게 든 생각은 '친구를 즐겁게 해주자'였다. 나는 이렇게밖에 온유를 도울 수 없었다. 원래 온유는 뭐든 잘 먹는 편이 아니었다. 배부르다거나 먹기 싫다는 말을 자주 했고, 누군가 먹으라고 권해야 한두 술 뜬 적이 많았다. 그래서 나는 수요일에 모이는 '수팸'을 결성하고 (온유가 귀찮게 여길 수도 있었을) 수요 먹방을 시작했다. 온유를 위해 내가 해줄 수 있는 봉사라고 생각했기 때문이다. 곁에서 온유에게 힘을 보탤 수 있다면 주님이 어떤 길을 통해서라도 반드시 열어주시리라 믿는다.

한 방송국에서 '수팸' 이야기를 듣고 온유의 일상 중 에피소드가 될 만한 것을 찍기 위해 수요일 저녁에 찾아왔다. 우리는 그때 딸기로 청을 담그는 중이었고, 촬영 중에 '온유에게 하고 싶은 말'을 개별적으로 인터뷰했다.

"음… 여기서 나가 부산이랑 바다랑 다니면서 맛있는 거 먹자!"

누군가 온유의 사정을 안다면 불가능한 희망사항을 이야기한 것처럼 보일지 모르겠다. 하지만 우리에게는 꿈이 있다. 그 꿈이 꿈으로 끝나지 않기를 기도한다. 그리고 의심 없이 그 기도가 이루어질 것이라 믿는다.

천사 정진호_ 5년 차 고정 봉사자, 바리스타

스스로 호흡하는 그날까지 함께하기를

내가 처음 언니를 찾아간 때는 사람들에게 상처를 많이 받고 있던 시기였다. 당시 사람이 정말 싫었고, 교회에도 가기가 싫은 마음이었다. '언니는 엄청나게 많은 사람을 매일 만나면서 어떻게 그들과 잘 지낼까? 봉사하러 오는 사람들은 다 착한 걸까?' 궁금했다. 나중에 알고 보니 정말 좋은 분들이었다. 신기하게도 한 분, 한 분 모두 은혜로 가득했고 내게까지도 무척 잘해주셔서 감동이었다. 가령 초면인데도 친절하게 알려준다거나, 내가 혹여 소외감을 느끼지 않도록 말을 걸어준다거나, 어떤 분은 나와 따로 식사도 했다.

'아, 내가 세상을 너무 부정적으로만 보고 있었구나'라는 생각이 들었다. 그때 당시 나는 "이 상황에서 구해주세요"라고 항상 기도하고 있었는데, 정말 하나님이 응답하셔서 내게 언니를 보내주신 것 같았다. 언니와 함께하는 이 자리에 올 수 있는 것이 내게는 너무도 큰 은혜였다.

한번은 언니가 생일 케이크를 챙겨준 적이 있었다. 생일날 봉사를 가게 되어서 "언니, 나 오늘 생일이야!"라고 말했을 뿐인데 언니가 케이크까지 사다줬던 것이다. 언니와 다른 봉사자들에게 생일 축하를 받으며 '아, 내가 정말 사랑받고 있구나' 하는 마음에 엄청 감동해서 울고 말았던 기억이 있다. 언니 덕분에 내 인생에서 잊지 못할 생일을 보내게 되었다.

언니를 찾아갈 때마다 나는 항상 배우고 온다. 언니는 항상 하나님과 가장 가까이 있는 사람 같다. 만약 나라면 이런 상황에서 하나님께 감사할 수 있을까 싶은데 언니는 항상 감사한다. 어느 한순간도 내 앞에서 이 상황에 대해 불평한 적이 없다. 언니는 몸에 염증이 생겨 아파하는 순간에도 "내가 너무 아파서 그러는데 기도 좀 해줘"라고 말했다. 언니와 하나님의 유대 관계가 참 깊다는 생각이 들었다.

언니는 언제나 읽을 수 있도록 성경책을 항상 가장 가까이에 둔다. 그래서 앰부를 할 때는 언니랑 같이 성경을 읽은 적도 있는데, 그 시간이 정말 재미있고 또 은혜로웠다. 언니 덕분에 성경을 읽게 되었고 올해에도 1독을 목표로 열심히 읽고 있다.

온유 언니는 나에게 친언니 같다. 속상한 일이 생기면 내 마음을 잘 알아주고, 상담도 해주고, 궁금한 신앙 문제에 대해서도 자세하게 이야기를 나눠준다. 게다가 언니는 예쁘기까지 하다. 언니의 머리를 말려주는 것도 좋고, 언니의 심부름을 하는 것도 좋다. 친언니만큼 좋은 온유 언니, 언니가 스스로 호흡하는 그날까지 언니랑 함께하고 싶다.

천사 이은샘_ 2015년도 시간표 관리 봉사자

가장 무서웠던 곳이 가장 아름다운 곳으로

매일 잠을 자지 못하고 밤새 울기만 하는 한 어린아이가 있었다. 아이의 부모는 매일 아이를 재우기 위해 사투를 벌였다. 며칠 밤을 꼬박 지새우며 온갖 방법을 동원해봤지만 도저히 감당할 수 없게 되자 아이를 데리고 병원을 갔고, 아이가 울면서 잠을 못 자는 이유를 알게 되었다. 바로 용혈성 빈혈 때문이었다. 부모는 난치병이라는 말에 모든 것을 내려놓고 그저 하나님께 간절히 기도하는 수밖에 없었다.

그렇게 태어난 지 갓 100일쯤 된 아기는 40%라는 가능성을 붙잡고 병원에서 살아가게 되었다. 부모의 간절한 기도 덕분인지, 그 어린아이는 수혈과 투약과 주삿바늘과 함께하는 어려운 시간 가운데서도 잘 견디기 시작했다. 오랜 병원 생활 끝에 어느덧 아이는 면역력을 회복하고 퇴원을 하기에 이르렀다. 그리고

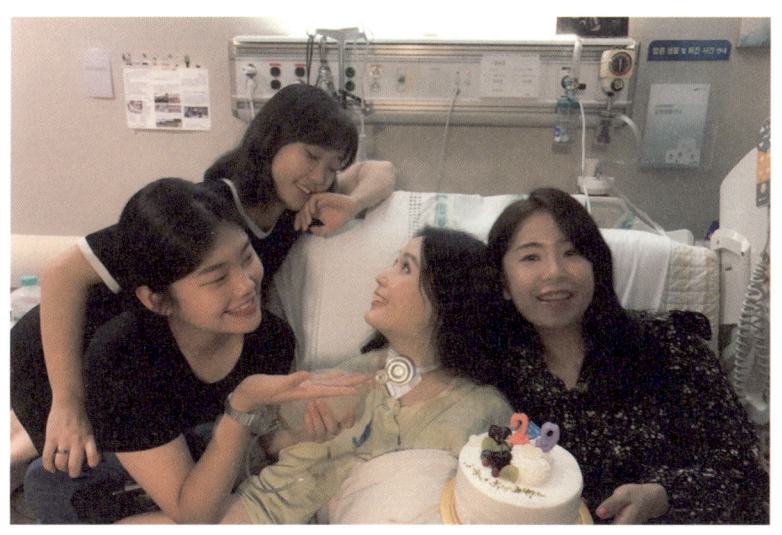

온유 언니는 나에게 친언니 같다. 속상한 일이 생기면 내 마음을 잘 알아주고,
상담도 해주고, 궁금한 신앙 문제에 대해서도 자세하게 이야기를 나눠준다.
게다가 언니는 예쁘기까지 하다.

건강을 회복하고 어엿한 청년이 되었다.

그런데 그 청년의 마음 한구석에는 왠지 모르게 아직 성장하지 못한, 꼭 움츠러든 아이 하나가 있었다. 바로 병원에 대한 무서움(트라우마)이었다. 몸과 정신은 커버렸는데, 아직도 응급실로 실려 가거나 정기검진을 받으러 다니던 어릴 적 기억 때문인지 종합병원에만 가면 숨이 답답해지고 불안에 떨었다. 병원의 조명, 공기만 접해도 참 두려웠다. 그렇게 병원을 피하던 아이는, 성장하게 되는 계기를 21살의 나이에 맞이하게 되었다.

바로 2살 많은 한 천사와의 만남 때문이었다. 혼자 호흡할 수 없어 남들의 손에 잡힌 앰부 백으로 살아가는 온유라는 천사다. 교회에서는 '릴레이 온유'라는 이름으로 봉사자들을 모아 그 한 생명의 호흡을 24시간 한순간도 놓지 않고 채워주고 있었다.

병원에 대한 두려움이 많던 그 아이는 친구를 따라 온유의 병실을 찾았다가 큰 변화를 맞게 되었다. 그 병실에서 밤샘 앰부를 하며 아이는 아버지의 손길을 떠올렸다. 한 영혼이 곤히 잠들 수 있게 자신은 눈을 뜨고 호흡을 대신 해주는 그 마음. 그게 바로 아이를 잠들게 하기 위해 배 위에서 아이를 돌보던 아버지의 사랑이었을까?

그러면서 동시에 '졸지도 주무시지도 않고 우리를 지키시는 하나님…. 아! 하나님이 우리를 사랑하고 지켜주신다는 게 이런 거구나!' 하며 하나님 아버지의 마음도 떠올리게 되었다. 그 이후 아이는 언제나 변함없는 사랑으로 졸거나 주무시지도 않고 지켜봐주시는 하나님을 조금씩 더 알아가며 한 번, 두 번 자연스럽게 병실로 발길을 향하게 되었다. 무섭기만 하던 병실이 봉사자들과 하나님의 사랑으로 참으로 아름다운 곳이 될 수도 있음을 깨달아갔다.

'가장 무서웠던 곳도 하나님이 함께하고 지켜주시면 참 아름다운 곳이구나!'

깊은 은혜로 병원에 대한 트라우마를 극복하게 되었다. 그리고 나중에는 오히려 친구들에게 병원에 함께 가자고 초대하는, 병원에서의 사랑을 누구보다 열심히 전하는 어른으로 성장했다. 그 아이가 바로 지금의 나다.

천사 김경민_ 2015년도 시간표 관리 봉사자, 전도사

내 삶의 기적, 내 친구 온유

"온유에게 마지막으로 인사하렴."

온유를 만나러 중환자실에 들어설 때마다 아버님은 온유에게

마지막 인사를 시키셨다. 우리는 눈물을 삼키며 기도했고, 나는 온유가 그 기도를 당장 듣지는 못하겠지만 천국에서 하나님이 전해주실 것이라 믿었다. 1년 전만 해도 멀쩡하게 왁자지껄 학교를 누볐던 친구의 죽음을 준비해야 한다는 건 고작 16살밖에 되지 않은 우리에게 너무 가혹한 일이었다. 그래도 어쩔 수 없었다. 온유를 만나러 가는 모든 순간이 마지막이었다.

온유는 유독 키가 크고 말괄량이였다. 아침마다 거울을 보며 쌍꺼풀을 만드느라 많은 시간을 보냈고, 당시 유행하던 깻잎머리를 세련되게 스타일링하며 길게 쭉쭉 뻗은 팔다리로 모델 같은 교복 핏을 보여주는 친구였다. 외모만 보면 날라리 혹은 일진 같은데… 교회에 열심히 다닌다는 건 살짝 신선한 충격이었다. 역시 사람은 겉만 보고 판단하면 안 된다.

그러던 어느 날, 평소 체육을 잘할 정도로 건강하던 온유가 아프다며 병원에 다니기 시작했다. "한 달에 한 번? 폐에서 물만 잠시 빼면 뭐 큰 문제는 없대" 하며 대수롭지 않은 일이니 걱정 말라고 쿨하게 웃던 온유는 학교에 결석하는 일이 잦아졌고, 큰 수술을 하기 시작하더니, 급기야는 갈비뼈 없는 소녀가 되어 중환자실에서 겨우 삶을 붙드는 지경에 이르렀다. 갑자기 온유의 삶은 충격적으로 전개되기 시작했다.

온유 부모님에 따르면, 온유가 워낙 건강했기 때문에 온갖 마약성 진통제와 치료도 견딜 수 있었다고 한다. 병원 관계자들도 "저 친구는 하나님이 지켜주시나 보다"라고 말할 정도로 매번 기적적으로 살아난다고 입을 모아 말했다.

온유와의 대화가 가능하게 된 어느 날, 온유에게 물었다.

"너는 이걸 대체 어떻게 버텨?"

나는 이 모든 걸 견디고 있는 온유가 대단해 보였고, 뭘 어떻게 위로하고 도와야 하는지 갑갑해서 미칠 것만 같았다. 그런데 웬걸, 온유는 미소를 지으며 일기장을 꺼내 보여줬다. 투병 생활 중 틈내어 자신의 기도를 꾹꾹 눌러 담아 쓴 투병 일기였다. "하나님, 절 죽여주세요, 제발…. 너무 고통스러워요"라는 원망으로 시작하다가 마무리는 "하나님, 감사합니다"로 끝나는, 16살 소녀가 견뎌냈다고는 믿을 수 없는 투병 과정과 신앙고백이 담겨 있었다.

"나 이거 빌려줘."

그때부터 나는 무언가에 이끌린 듯 온유의 일기장을 받아 성극 대본을 써내려갔다. 온유의 상황을 알리고, 더 많은 이의 중보기도와 도움을 이끌어야겠다는 생각에 6시간 만에 모노드라마 대본을 썼고, 곧장 입고 연기할 병원복도 구했다. 그리고 일단 교회

여름수련회 예선을 신청했다.

대형 교회라 수련회 무대에 서려면 워낙 경쟁률이 높았지만 기도하면서 무대에 오를 수 있으리라는 확신이 들었고, 결국 본선 무대에 오를 수 있었다. 수련회 당일, 수천 명 앞에서 온유를 연기하며 마음속으로 간절히 기도했다.

'하나님, 온유를 위해 기도해줄 수 있는 더 많은 동역자를 허락해주세요.'

주님의 은혜 가운데 중고등부 수천 명이 온유의 아픔과 신앙을 공유하며 눈물로 함께 통성으로 기도할 수 있었다.

그런데 이렇게 끝내기에는 뭔가 아쉬웠다. 마침 나는 당시 명일중학교 학생회장이어서 학생회 친구들과 교장선생님께 전 학급 앞에서 내 모노드라마를 생방송으로 중계하고 동급생인 온유의 병원비를 모금하자고 제안했다. 모두 흔쾌히 허락해주었기에 나는 신앙적인 색채를 빼고 큰 병마와 담담하고도 담대하게 싸워나가는 16살 소녀 온유를 연기했다.

수련회 무대에서는 주님의 언어를 나눌 수 있었지만 여기는 공립 중학교였다. 믿지 않는 교우들 1,600여 명에게 진정성이 전달될 수 있을지 걱정도 되었지만 하나님을 믿었다. 이건 내가 하는

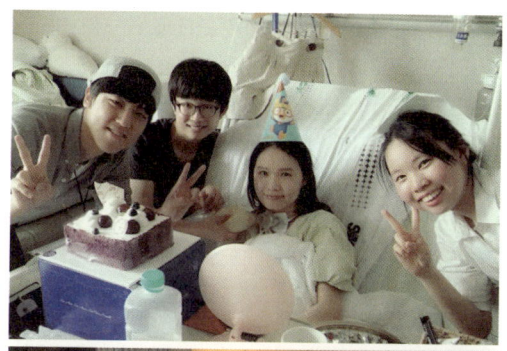

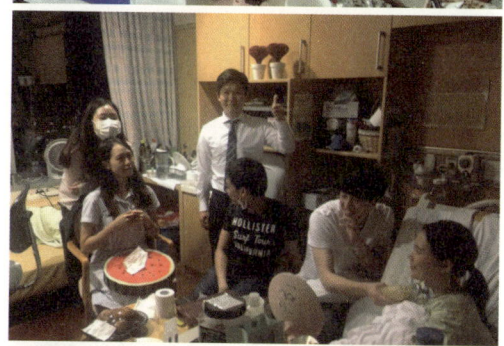

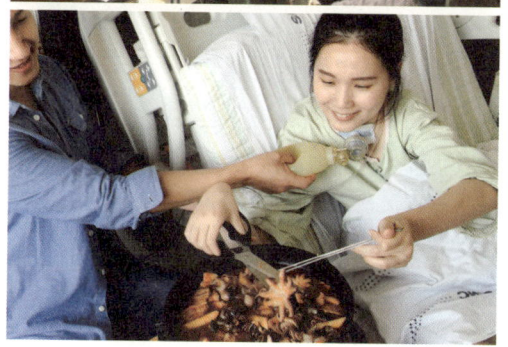

온유의 병실은 힐링 공간이고 예배처다.
따로 또 같이 온유와 호흡하며 봉사자들의 일상이
아름다운 노래가 되어 은은하게 감동으로 퍼져 나간다.

게 아니라 하나님이 하신다는 확신이 들었다.

결과는 대성공이었다. 총 362만 8,790원이 모였다. 선생님들과 교우들은 함께 눈물을 흘렸다며 이렇게 도울 수 있는 길을 알려주어서 고맙다고 말했다. 또 한 친구는 일주일 용돈을 모두 모금함에 넣었다면서 온유 누나가 다 나으면 꼭 알려달라고 부탁했다. 그렇게 정성으로 모인 기금을 전달하러 갔더니 온유 어머님이 눈물을 흘리며 내 손을 붙잡고 말씀하셨다.

"지은아, 정확히 딱 그만큼이 모자랐어. 병원비가 부족해서 기도하고 있었는데… 정말 감사하다, 모두."

그 말을 듣는 순간, 다리에 힘이 풀려버린 나는 그 자리에 주저앉아 엉엉 울어버렸다. 그냥 이 모든 건 기적이었다. 지금 생각해보면 처음 써보는 대본이었고, 고작 16살 소녀의 연기가 모두의 심금을 울릴 만큼 대단할 리 없었다. 준비하는 나를 비롯해 보는 이의 마음과 귀를 열어 온유에게로 이끌어주신 하나님의 예비하심으로만 설명할 수 있는 일이었다.

비록 어린 나이였지만 그날 일기장을 들고 온유의 병실을 나오는 순간부터 천사들이 내 손을 붙잡고 함께 가주고 있다는 것을 확신할 수 있었다. 그리고 그 후 지금까지 크고 작은 수많은 일을 온유와 함께 겪어냈다. 매 순간 우리는 주님의 함께하심을 경험했고 그분께 회복을 간구했다.

그런데 온유는 아직도 병실에 있다. 14살 때부터 32살까지 온유의 곁을 지키니 사람들은 이렇게 묻는다.

"네 중학교 때 그 친구는 괜찮니? 아직도 병원에 있니?"

지금의 온유는 24시간 봉사자들과 함께 앰부로 숨을 쉬면서 건강한 일상생활을 보내고 있다.

온유를 잘 모르는 이들이 착각하는 게 하나 있다. 바로 온유의 병실에 봉사하러 갔다가 앰부를 잘 못해서 민폐를 끼치면 어쩌나, 혹은 장시간 입원해 있는 친구에게 무겁고 우울한 분위기가 느껴질 것이라고 우려하는 점이다.

결코 아니다. 단언컨대, 온유의 병실은 힐링 공간이고 예배처다. 봉사자들은 온유와 이야기하며 고민 상담을 하거나 위로를 받기도 하고, 함박웃음을 지으며 넘치는 축복과 행복을 나누다 간다. 함께 맛있는 음식을 먹고, 일상을 나눈다. 따로 또 같이 온유와 호흡하며 봉사자들의 일상이 아름다운 노래가 되어 은은하게 감동으로 퍼져 나간다.

가끔 믿지 않는 친구들은 이런 질문도 한다. 하나님이 온유를 정말 사랑하시면 온유가 하루빨리 치료법을 찾고 고통을 안 겪게 하셔야 하는 것 아니냐고 말이다. 자신 있게 대답해줄 수 있다. 온유는 존재 자체로 귀한 하나님의 기적이고 하나님의 증거라고.

하나님은 온유의 모든 순간을 예비하셨고 온유와 가족들, 봉사자들이 오직 주님만을 붙잡고 나아갈 수 있도록 동행해주신다. 온유가 맞닥뜨리는 시련이 가혹해서, 옆에서 보는 나도 괴로워하며 하나님을 원망한 적이 많았다. 그러나 이제 나는 이렇게 기도한다.

"온유를 세상에 보내주신 하나님, 참으로 감사합니다. 수많은 사람 중 내 친구로 보내주셔서 참으로 감사합니다. 기도할 수 있는 친구가 되게 해주셔서 참으로 감사합니다."

하나님이 앞으로 어떤 치유의 여정을 예비해주실지, 또 어떤 신앙의 단련을 선사하실지 우리는 감히 알지 못한다. 다만 이제는 적극적인 치료의 길을 새로이 열어주시길 간절히 기도해본다. 물론 그 치료의 길이 얼마나 험난할지, 아니 가능이나 할는지는 오직 주님만이 아실 것이다.

그리 아니하실지라도, 그럼에도 불구하고 온유는 묵묵히 주님만 바라보며 믿음과 순종으로 예수님 사랑을 전하고 있다. 확실한 건 주님이 보여주실 생명의 길에서 온유와 우리가 낙심하지 않고 기적의 노래를 써내려가며 서로가 서로에게 '하나님이 보내

온유는 존재 자체로 귀한
하나님의 기적이고
하나님의 증거다.
"온유를 세상에 보내주신 하나님,
참으로 감사합니다.
수많은 사람 중
내 친구로 보내주셔서
참으로 감사합니다."

주신 기적'이 되어줄 것이라는 점이다.

하나님은
이곳 작은 병실에서,
지금 이 순간,
온유와 함께 호흡하고 계신다.

실은 그것만으로도 우리는 이미 충만하다.

"온유야, 너는 존재 자체로 감사고 기적이야!"

천사 송지은_ 중학교 동창, 베스트 프렌드

너에게
들려주고 싶은 말

●

"어떡해, 벌써 새벽 5시야. 아쉽지만 우리 이제 그만 자자."

친구들과 대화를 한번 시작하면 시간이 가는 줄을 몰라 이렇게 밤을 꼬박 지새우는 일이 잦아진다. 한때는 의사소통이 힘들다는 이유로 일부러 사람들과 담을 쌓고 지냈는데, 말문이 트이고 나니 '대화라는 게 이렇게나 즐겁고 발전적인 일이었구나' 하며, 이제야 그게 얼마나 안타까운 일이었는지 새삼 깨달았다.

사람들과 대화를 나눌 때면 미처 알지 못했던 것을 배우고, 다양한 사람들의 색다른 관점을 알게 되고, 때때로 머릿속의 복잡한 생각들이 정리되면서 새로운 기회를 얻게 되었다. 하지만 무엇보다 좋은 건, 유일하게 대화를 통해서만 상대방의 감춰진 모습을 발견할 수 있다는 것이었다. 이곳에 오는 친구들은 대부분 처음에는 그냥 착하고 평범해 보인다.

"안녕하세요, 온유 씨!"
"어떻게 도와드리면 되나요?"
"편하게 잘해주지 못해서 미안해요."

그런데 함께 대화를 나누다 보면, 각자에게서 자기도 모르게 결코 평범하지 않은 개성들이 새어 나온다.

"와, 너도 정말 특이한 사람이었구나. 이런 생각을 하고 있을 줄은 꿈에도 몰랐어."

나는 겉으로 보이는 외모나 배경으로는 결코 예측할 수 없는 한 사람의 특별함을 알게 되는 것이 참 좋다. 늘 순박한 웃음을 짓고 있던 친구가 갑자기 진지한 눈빛으로 변한다거나, 너스레를 떨던 친구에게서 어느 순간 순수한 속마음을 보게 되었을 때 정말 사랑스럽다. 그런 모습을 보고 나면 그대로 하루 종일 함께 대화를 나누고 싶어지기 때문에, 종종 나는 마음속으로 이런 생각을 한다.

'정말로 이 세상에는 평범한 사람이 한 명도 없어. 이 세상에서 가장 아름다운 건 역시 사람인 것 같아.'

매력적인 누군가와 깊이 있게 대화를 나누다 보면 종종 나의 신앙적인 사고나 가치관을 나누어야 할 때가 온다. 요즘에는 무슨 주제로 얘기를 하더라도 하나님을 빼놓고는 내가 가진 사상을 설명할 길이 없기 때문이다. 한때는 교회 밖에서 신앙적인 의견을 말하다가 이해받지 못하면 어쩌나 하는 걱정을 했던 것 같다. 하지만 이제는 좀 더 용기가 생겨서 "너도 알다시피 난 예수님을 믿는 사람이잖아. 이런 문제를 성경에서는 이렇게 말하고 있거든. 그래서 나는 이렇게 생각해"라고 말할 수 있게 되었다.

대화가 깊어질 때의 즐거움을 알게 되었기 때문인데, 신앙이 같든 다르든 서로 알아가고자 할 때에는 진심을 털어놓을수록 그만큼 더 깊이 들어갈 수 있는 법이다. 자주 이런 대화를 했기 때문인지, 평소의 나는 딱히 독실한 언행을 하지도 않고 전도에 그리 적극적인 사람도 아니지만 친구들은 종종 "이런 문제들에 대해서 너는 어떻게 생각해?" 하며 내게 신앙인의 관점에 대해 물었다.

언젠가는 인생의 의미를 찾고 있는 친구와 서로의 경험을 공유하는 대화를 나눈 적도 있고, 또 종교인들은 그저 신이라는 존재를 믿고 싶어서 믿는 게 아니냐고 묻던 친구에게 온갖 비유를 들어가며 불가항력적인 신앙에 대해 설명한 적도 있다. 한번은 가장 친한 친구에게서 이런 질문을 받았다.

"성경에는 물이 포도주가 된다거나 하는 과학적으로 말이 안 되는 기적들이 많은데 성경의 그런 부분들에 대해 너는 어떻게 생각해?"

교회에 다니지는 않지만 하나님이라는 존재를 믿는다며 종종 혼자서 성경을 읽고 있는 친구였다. 나는 이렇게 답했다.

"학자들 중에도 성경의 그런 부분들을 논리나 과학으로 재해석해보려는 사람들이 많대. 아마 믿을 수 없는 건 그냥 배제하는 사람들도 있을 거야. 그런데 나는 그런 기적들이 일어났음을 믿어."

"정말? 대체 어떻게? 납득할 만한 증거가 있었어?" 하며 내가 가진 믿음의 증거가 무엇이냐고 묻는 친구에게, 어쩌면 그동안 내가 경험했던 수많은 기적을 구구절절 말해주는 편이 더 나았을지도 모르겠다. 하지만 나는 그의 마음속에 믿음이 없다면 어떠한 증거가 있더라도 결코 받아들일 수 없으리라고 생각했다.

"음… 네가 말씀을 믿을 수 없다면 내가 어떤 증거를 들려줘도

납득할 수 없을 거야. 무언가를 안다는 것은 곧 그것을 믿는다는 거니까. 우리가 알고 있는 것들만 해도 그래. 배운 것들을 다 증명해보고 믿은 것은 아니잖아. 믿으니까 계속해서 더 많은 걸 배워갈 수 있었던 거지. 물론 나도 초자연적인 것을 상식적으로 이해할 수 있다고 말하는 건 아니야. 단지 그 모든 것을 만드신 하나님을 믿으니까, 내가 아는 지식이 이 세상의 전부라고 생각하지 않을 뿐이지. 네게 정말로 확실하게 말해줄 수 있는 건 예수님을 믿었을 때 분명 내 눈앞에 상식을 뛰어넘는 새로운 세상이 있었다는 거야. 너도 하나님을 믿는다고 했잖아. 그럼 분명 내가 말한 것들을 공감하게 될 거야."

그리고 떨리는 마음으로 "예수님, 제가 당신의 증언으로 인해 하나님을 믿고 기록된 모든 말씀과 기적을 믿게 되었듯이 저의 증언을 통해서 사랑하는 친구가 당신을 찾게 해주세요"라고 몰래 기도를 드렸다.

내 친구는 이제껏 배우고 익힌 지식만을 믿어왔던 시간에 비해 하나님에 대해 배웠던 기간이 너무 짧아서 아직은 기존에 알던 상식을 넘어서기가 어려운 것 같다고 하면서, "그러니까 이제부터는 성경이 말하는 것들을 좀 더 들어보고 싶어"라고 말했다.

이렇게 아주 작은 의심 하나도 쉽게 지나치지 않고 깊이 파고드는 친구들은 종종 진리에 대해 의문을 가진다. 그때마다 부족한 나로서는 도움이 되지 못할 때가 많지만 그런 질문을 받게 된 것이 기뻤고, 한편으로는 기대가 되었다. 사랑의 하나님은 그들이 진리를 발견할 수 있도록 인도하실 것이고, 진리이신 예수님은 결코 그들을 물리치시지 않을 것임을 믿기 때문이다. 나에게 그리하셨던 것처럼.

그러니까 나는 사랑하는 친구들이 가능하다면 모두 풀리지 않는 인생의 고민을 만나게 될 때마다 신의 존재에 대해서도 한 번쯤 깊이 의심해주었으면 하고 바란다. 그래서 언제든 그런 고민들에 대해 머리를 맞대며 밤새도록 대화를 나눌 수 있었으면 좋겠다. 그날 당장 답을 찾지 못하더라도 어차피 진정한 진리는 기필코 드러나게 되어 있으니 말이다.

> 쇠붙이는 쇠붙이로 쳐야 날이 날카롭게 서듯이, 사람도 이웃과 부딪쳐야 지혜가 예리해진다(잠 27:17, 표준새번역).

> 하나님의 사랑이 우리에게 이렇게 드러났으니, 곧 하나님께서 당신의 독생자를 세상에 보내 주셔서, 우리로 하여금 그로 말미암아 살게 해주신 것입니다. 사랑은 여기에 있으니, 곧 우리가 하나님을 사랑한 것이 아니라, 하나님께서 우리를 사랑하셔서, 당신의 아들을 보내 주시고, 우리의 죄를 속하여 주시려고, 속죄제물이 되게 해주신 것입니다(요일 4:9-10, 표준새번역).

친구들을 위한 기도
_ 내가 가진 것은 고작 마음 하나뿐이지만…

●

'오랜 시간을 병원 안에서 살아온 소녀.'
'수많은 사람의 사랑을 받으며 기적의 삶을 살아가는 사람.'

이러한 수식을 듣고 나면 사람들은 대체 어떤 이미지를 떠올릴까? 사랑을 많이 받아 따뜻하고 순수한 이미지일까? 친구들은 막상 나를 만나 보니 생각했던 이미지와 아주 달랐다고 말했다.

"그럼 내 첫인상은 어땠는데?"
"무표정으로 빤히 쳐다보기만 하고 말도 안 걸어줘서 조금 무서웠어."

언제나 따뜻하고 친절하게 다가오는 봉사자들에 비해, 막상 당사자인 나는 직설적인 데다 평소 사람들의 시선을 신경쓰지 않고, 종종 무언가에 몰두하면 아무렇지도 않게 사람들을 방치해두곤 하는, 좀처럼 친해지기 어려운 사람이다.

"대체 우린 언제쯤 친해질 수 있어?"
"음… 아마도 최소 1년쯤은 걸릴 걸?"

친구들은 언제나 내가 마음을 열어주기를 기다린다. 하지만 내게는 그게 생각처럼 쉽지가 않다. 정확히는 사람들과 가까워지는 것이 두렵다. 모두와 달리 나는 매일 똑같은 자리에서 그저 하염없이 기다려야 하는 세상에 살고 있기 때문이다.

길고 긴 기다림 속에 살아왔던 나는 이제는 누군가와 함께 있어도 그들과 나 사이에 놓인 서로 다른 세계의 벽을 느낀다. 아무리 가까워져도 결국에는 모두 이곳에 나만 남겨두고 돌아가야 하니까…. 멈춰버린 세상 속에 홀로 남겨진 나는 언제나 그들을 기다려야 할 뿐 결코 그들을 좇아갈 수도, 붙잡을 수도 없으니까. 곧 다시 만나자고 했던 친구들은 어쩌면 다시는 나를 찾아오지 않을지도 모른다. 그들이 사는 세상은 하룻밤 사이에도 많은 것이 변해버리는 곳이니까.

'모두에게는 생활이 있으니까 내 곁을 떠날 수밖에 없어.'

어쩔 수 없다는 걸 알면서도 그들이 보고 싶어질까 봐, 그들이 내게 주고자 했던 것 이상을 기대하게 될까 봐 두려웠다. 그래서 내게 다가오는 친구들이 아무리 좋아져도 '더는 기대하지 않을 만큼'의 거리를 남겨둬야 했다. 기대를 하면 언제나 실망을 하게 되지만, 애초에 기대하지 않고 있으면 언제나 감사하게 될 테니까. 그런데 실망보다 감사를 하려고 했던 나는 오히려 이런 말을 듣게 되었다.

"언니는 왜 감사하지 않아요? 오히려 봉사자들은 감사하는데 언니는 누가 와도 별로 좋아하는 것 같지 않고 늘 시큰둥해 보여요. 혹시 사람이 아닌 하나님께 감사를 드리려고 일부러 그러는 거예요?"

미안한 마음에 "아니야, 정말로 늘 감사하게 생각해. 그냥 나는 24시간 내내 1분도 빠짐없이 고마우니까 일일이 표현하지 못할 뿐이야"라고 변명 아닌 변명을 했다. 그러고도 한편으로 어쩔 수 없다고 생각하고 있었다. 내 친구들이 내게 바라는 것은 겨우 마음 하나였지만, 내가 가진 것도 고작 마음 하나뿐이니까. 그러니까 아무리 고맙고 미안하더라도 그냥 좀 더 뻔뻔해지기로 했다.

나에게는 모두에게 마음을 열고 다가갈 수 있는 그런 불나방 같은 용기는 없으니까.

'모두에게 내 도움은 딱히 필요하지 않아. 내가 받은 건 너무 큰데, 나한테는 줄 수 있는 게 아무것도 없어.'

하지만 한밤중에 깨어나서 곁에 고이 잠들어 있는 친구들의 얼굴을 바라볼 때면 오해를 받아도 그냥 입을 다물어버리고 마는 나를 대신해서 나를 대변해주던 그들의 목소리가 떠오르고, 무심코 저지른 잘못에도 오히려 나를 위로해주던 그들의 따뜻한 미소가 생각난다. 그리고 아무리 억눌러도 사라지지 않는 속마음을 더는 억누를 수 없게 된다.

'나는 어쩜 이렇게 큰 축복을 받았을까? 이 친구들은 도대체 왜 이렇게까지 나를 사랑해주는 걸까?'

나는 즉시 손을 모으고 사랑하는 친구들을 위해 기도를 드리기 시작한다. 하지만 막상 어디에서부터 기도를 시작해야 할지 몰라서, 그저 눈을 감고 고마운 친구들의 얼굴을 하나둘 떠올릴 뿐이다. 바로 그때 주님이 내게 이런 말씀을 주신다.

그때에 임금은 자기 오른쪽에 있는 사람들에게 말하기를…'너희는, 내가 주렸을 때에 내게 먹을 것을 주었고, 목말랐을 때에 마실 것을 주었고, 나그네 되었을 때에 영접하였고, 헐벗었을 때에 입을 것을 주었고, 병들었을 때에 돌보아 주었고, 감옥에 갇혔을 때에 찾아 주었다' 할 것이다. 그때에 의인들은 그에게 대답하여 말하기를 '주님, 우리가 언제, 주께서 주리신 것을 보고 잡수실 것을 드리고, 목마르신 것을 보고 마실 것을 드리고, 나그네 되신 것을 보고 영접하고, 헐벗으신 것을 보고 입을 것을 드리고, 언제, 병드시거나 감옥에 갇히신 것을 보고 찾아갔습니까?' 할 것이다. 그때에 임금이 그들에게 말할 것이다. '내가 진정으로 너희에게 말한다. 너희가 여기 내 형제자매 가운데, 지극히 보잘것없는 사람 하나에게 한 것이 곧 내게 한 것이다'(마 25:34-40, 표준새번역).

이 말씀으로 이 세상에서 지극히 보잘것없는 한 사람은 마침내 기도드릴 용기를 얻어 입을 열 수 있었다.

"예수님, 저는 매일 사랑을 받아도 줄 수 있는 게 아무것도 없어요. 그리고 셀 수 없이 많은 친구의 얼굴을 일일이 다 떠올릴 수조차 없어요. 하지만 주님은 '네가 진 빚은 곧 내가 진 빚이다'라고 말씀해주셨죠. 그러니 주님이 그들의 사랑을 영원히 기억해주세요. 갚을 수 없는 빚을 진 생명의 은인에게 은혜를 갚고 또

갚는 것처럼, 크고 멋진 은혜와 사랑으로 더 많이 갚아주세요."

그리고 나는 믿을 수 있었다. 하나님이 이 은혜를 갚기 위해 그들과 언제나 함께하시리라는 것을. 그들 중 누군가가 힘들어한다면 주님은 그를 대신해 숨까지도 대신 쉬어주실 것이다. 어쩌다 잘못된 선택을 한다고 해도 그 든든한 손으로 다시 건져내실 것이고, 결국에는 그들의 인생을 가장 좋은 것들로 가득 채워주실 것이다. 그래서 마침내 그들은 모두 이렇게 고백할 수밖에 없을 것이다.

"정말 행복하다. 하나님이 나와 함께 계시는구나!"

친구들을 위해 기도를 드릴 때면 여느 기도와 달리 마음속에 깊은 확신이 들었다. 그리고 기도를 마치고 나면 어느 누구에게도 기대하지 못했던 내 상처 입은 마음이 어느새 조금씩 달라져 있었다.

'이렇게 멋진 친구들과 함께할 앞으로의 세상은 얼마나 아름다울까? 우리의 미래가 정말 기대돼.'

봉사자들과 함께 연말맞이 대청소를 하고, 오랫동안 찾아가지 않는 분실물과 기부품들을 모아 판매하는 1801 잡화점 포스터

5. 처음 보는 이상한 운동을 한다든지

6. 한참 웃고 떠들고 있을 때면

7. 누군가 병실 창문에 얼굴을 내밀고 놀래킨다

12. 네뷸라이저(호흡기 가습)를 할 때는

13. 도너츠를 만든다

14. 친구들이 앰부하는 손을 보면

15. 왠지 물고 싶다

6

마음속 깊이
숨겨두었던_
고백 이야기

숨 쉬지
못해도
괜찮아

소원을
말해봐

●

어느 날 한 봉사자가 나를 위해 기도해주고 싶다는 선교사님이 계신다며 그분을 모시고 왔다. 짧은 소개가 오가고, 우리는 둥그렇게 둘러서서 손을 잡고 함께 기도했다. 그렇게 한참을 기도하던 중 선교사님이 갑자기 이상한 질문을 하셨다.

"너, 정말로 낫고 싶니?"
"네, 정말 낫고 싶어요."
"그럼 치유해달라고 전심으로 기도하고 있니?"

그 순간 너무 황당해서 오만 가지 생각이 다 들었다.

'환자라면 누구나 낫고 싶은 게 당연한데, 도대체 왜 내게 그런 질문을 하시는 거지? 꼭 내가 열심히 기도하지 않아서 아직도 치유되지 못하는 거라고 말씀하시는 것 같잖아?'

나는 결코 내 기도가 모자라다고 생각하지 않았다. 그러나 언제부턴가 주님께 그다지 치유를 기대하지 않고 있었다는 사실을 깨닫고 충격을 받았다.

'그게 언제부터였을까? 확실히 자가 호흡을 하고 있을 때만 해도 매일 기도를 드리고 응답을 기다렸던 것 같은데.'

그러나 하나님의 오랜 침묵은 정말 이대로 기도를 계속해도 되는 것인지 의문을 품게 만들었다.

'어쩌면 내가 바라는 치유는 하나님의 뜻이 아닌 걸까? 만약에 그렇다면 이런 기도를 계속 고집하고 있을 게 아니라 하나님의 뜻을 잠잠히 기다려야 하는 건지도 몰라.'

그렇게 나는 낫고 싶다는 기도를 당당히 드릴 수 없게 되었다. 물론 앞뒤를 생각하지 않고 당장 나를 고쳐달라고 생떼를 부릴 때도 많았지만, 결국에는 마음을 다잡고 기도의 방향을 돌렸다.

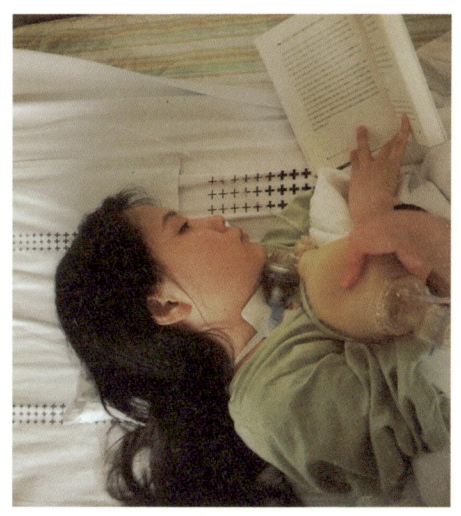

주님은 당장 기적을 베풀어달라는
내 기도를 아직 들어주시지 않았다.
그러면 과연 어떤 길을 열어주시려는 걸까?

"하지만 주님, 제 뜻대로 하지 마시고 오직 주님 뜻대로 인도해 주세요. 저는 아무것도 모르니 당신의 뜻을 따라갈게요."

아주 오랫동안 치유에 관해서는 늘 이런 식으로 기도를 드렸다. 내 선택 의지를 내려놓고 주님께 모든 것을 맡겨드리는 것이야말로 진정으로 자신을 부인하고 주님을 따르는 길이라 생각했기 때문이다. 그런데 정작 주님은 한 낯선 선교사님의 질문을 통해서 내게 이렇게 묻고 계셨다.

"온유야, 너는 정말로 무엇을 원하고 있니?"

물론 나야 무엇보다도 간절히, 이제는 지긋지긋한 병원과 아픔에서 벗어나기만을 원했다. 하지만 주님 앞에서 선뜻 이런 소원을 아뢸 수 없었다. 그래서 "하나님, 저를 치료해줄 의사는 이미 저를 포기해버렸는 걸요?"라고 말씀드렸다.

진작부터 나의 생명을 포기했던 의사는 "치료를 시도하는 게 의미가 없어요. 당장 움직일 수 있으니 겉으로 보기에는 멀쩡한 것 같지만 실은 당장이라도 언제 죽을지 모르는 상황입니다" 하며 나를 위해 어떠한 치료도 시도하지 않겠다고 했다. 그래도 나는 홀로 꾸준히 운동을 하면서 주님께 기도를 드렸다.

"주님, 걷고 움직일 때마다 제 몸을 회복시켜주세요."

하지만 기대와 달리 자가 호흡마저 잃어버리게 된 나는 곧 앰부를 통해 숨을 이어가야 했다. 그때 재활을 요청하던 나에게 의사는 "봉사자들 덕분에 운 좋게 위기를 넘기고 목숨은 보존했지만 무리하려고 하지 마세요. 그냥 이대로 지내는 것이 최선이에요"라고 말했다. 그럼에도 여전히 회복을 포기할 수 없었던 나는 혼자서라도 자가 호흡을 되찾아보려고 애썼다.

"언제까지나 앰부를 통해 살아갈 수는 없잖아요. 주님, 자가 호흡만이라도 다시 할 수 있게 해주세요."

그 후로 1년이 넘도록 홀로 호흡을 연습하느라 하루 종일 두통과 구토에 시달렸다. 하지만 그런 노력이 결국 아무런 성과를 거두지 못하자 '이제는 더 이상 내가 할 수 있는 게 없어', 이 생각에 그만 눈앞이 깜깜해져버렸다. 없는 길을 만들어낼 만한 지혜도, 힘도, 돈도 없고, 이제 아무런 노력조차 할 수 없는데 어떻게 치유를 기대할 수 있을까? 여전히 기도를 드리지만 기대는 없었다. 어차피 주님이 내 기도가 그분의 뜻에 부합하지 않다고 여기신다면, 내 소원을 그저 내 욕심이라고 판단하신다면 아무리 기도해도 들어주시지 않을 것 아닌가?

그랬기에 나는 무의미한 기도를 내려놓고 그냥 주님의 높은 뜻을 따르겠다고 했다. 그렇게 순종이라는 가면을 쓴 불신이 시작되었다. 더는 나를 지치게 하는 현실을 직면하고 싶지 않아서, 더는 기도하다가 실망하고 싶지 않아서, 더는 주님을 믿을 수 없어서 지레 먼저 기도하기를 포기했던 것이다. 정작 하나님은 내게 단 한 번도 "네 소원을 내려놓고 내 뜻을 따르라"고 말씀하신 적이 없었는데도 말이다.

"주님, 기도하지 못했던 것은 결국 저의 불신 때문이었어요"라는 고백을 드리자 성령이 내게 말씀을 생각나게 하셨다. 그리고 즉시로 나의 기도가 바뀌었다.

> 그날에는 너희가 아무것도 내게 묻지 아니하리라 내가 진실로 진실로 너희에게 이르노니 너희가 무엇이든지 아버지께 구하는 것을 내 이름으로 주시리라 지금까지는 너희가 내 이름으로 아무것도 구하지 아니하였으나 구하라 그리하면 받으리니 너희 기쁨이 충만하리라(요 16:23-24).

"하나님, 저의 소원은 하루빨리 이 병원을 떠나는 거예요. 저를 계속 살게 하실 거라면 이제는 제 소원을 들어주세요. 살아 있기 위해선 누구나 호흡을 해야 하는데 스스로 호흡하고 싶다는 것이, 그게 욕심은 아니잖아요!"

물론 때때로 나의 소원과 주님의 뜻이 다를 수 있고, 그래서 주님은 아무리 간절하게 소원을 아뢰어도 단념하게 하실 수 있다. 그러나 그것은 주님의 시간에, 주님이 하실 일이다. 지금 이 순간 주님이 내 기도를 바꾸어놓으신 것처럼 말이다. 그러니까 이제 나는 나의 소관을 넘어서는 일에 대해서는 미리 걱정하지 않기로 했다. 다만 주님을 믿고 소원을 아뢰고 기쁨을 얻기로 했다.

이제 더 이상 아프고 싶지 않다. 너무도 간절하게 스스로 숨을 쉬고 싶다. 하루빨리 퇴원을 하고 싶다. 내 생각에 이 모든 소원이 이뤄질 수 있는 최고의 방법은 바로 성경 속에 나오는 초자연적인 기적이 일어나는 것이다. 그래서 나는 종종 깜깜한 밤중에 등을 돌리고 누워서 아무도 모르게 울며 주님께 조른다.

"더는 못 기다리겠어요. 주님, 지금 당장 기적으로 저를 고쳐주세요. 그럼 더 이상 생고생을 하지 않아도 되고 모든 봉사자 친구들이 다 함께 기적을 경험할 수 있잖아요. 그러면 주님을 모르는 친구들도 모두 다 주님을 믿게 될 거예요."

하지만 주님은 당장 기적을 베풀어달라는 내 기도를 아직 들어주시지 않았다. 그러면 과연 어떤 길을 열어주시려는 걸까? 주님 앞에 소원을 두고 기도를 드리다 보면 매일 주어지는 삶 속에서 그분의 인도하심을 탐색하게 된다. 그분이 내게 언제 어떻게 응답하실지 모르기 때문이다.

내 주님은 보잘것없는 편지 한 장이나 전화 한 통을 가지고도 충분히 사람들의 마음을 움직이시고 새로운 길을 만들어내시는 분이기 때문에, 나는 이제 무엇 하나도 무심코 흘려버릴 수 없었다. 때때로 방송이나 잡지에서 인터뷰 요청을 해올 때면 내키지 않더라도 최대한 참여했고, 갑자기 머릿속에 떠오르는 해외의 병원에는 주저 없이 이메일을 보냈다. 최근에는 친구들의 도움으로 의학 자료들을 읽어가며 좀 더 구체적인 접촉을 시도하기도 했다.

매일 주님을 기대한다는 건 기쁘지만 쉽지 않다. 그 모든 시도가 아직 성과로 이어지지 않았기에 낙심이 되기도 하고, 또 무슨 헛다리를 짚게 될까봐 용기가 나지 않을 때도 있다. 그러나 모든 것이 합력하여 선을 이루게 하시겠다는 하나님이 이 모든 좌충우돌을 통해 또 어떤 놀라운 일을 준비하고 계시는지 누가 알겠는가?

너희 안에서 행하시는 이는 하나님이시니 자기의 기쁘신 뜻을 위하여 너희에게 소원을 두고 행하게 하시나니 (빌 2:13).

이 세상에 머무는 내 한 생애에, 내가 주님의 은덕을 입을 것을 나는 믿는다. 주님을 기다려라. 강하고 담대하여라. 주님을 기다려라
(시 27:13-14, 표준새번역).

모든 것이 합력하여 선을 이루게 하시겠다는
하나님이 이 모든 좌충우돌을 통해 또 어떤
놀라운 일을 준비하고 계시는지 누가 알겠는가?

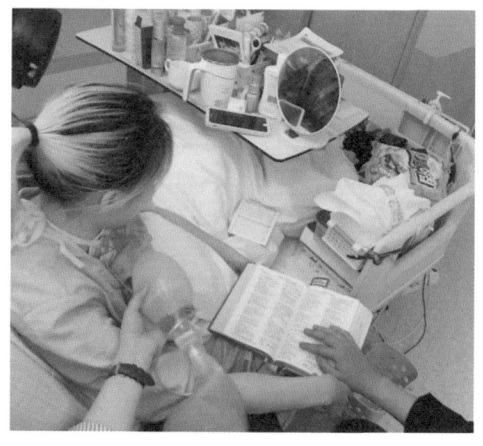

6장 마음속 깊이 숨겨두었던_ 고백 이야기

고백

●

예수님께 사랑한다고 고백할 때 그분은 이렇게 물으신다.

"네가 하는 그 말은 네 생각에서 나온 말이냐? 아니면 나에 대해 다른 사람들이 말해준 것이냐?"

항상 두려운 말씀이다. 내 믿음이 혹시나 세뇌되고 타성화된 믿음일까 경계하게 하는 말씀이다.

진심으로, 나의 마음과 영혼을 다해, 힘을 다해 내 하나님, 당신을 사랑하게 하세요. 따라 하는 믿음이 아닌, 나의 하나님으로.
_ 10년 전 어느 날의 일기

처음 믿음을 가지게 되었을 때 아이러니하게도 나는 곧장 의심의 늪에 빠졌다. 이번에는 주님이 아니라 나 자신에 대한 의심이었다. 죽음의 문턱에 있던 내게 이토록 귀한 믿음이 주어졌다는 사실이 좀처럼 쉽게 믿어지지 않았기 때문이다.

'내가 지금 정말로 믿고 있는 걸까? 실은 벌써 믿음을 잃어버렸는데 그저 마음의 안정과 위안을 얻으려고 스스로를 속이고 있는 것은 아닐까?'

매일 필사적으로 처음에 주셨던 믿음을 떠올리며 성경을 펼쳐놓고 주님 앞에서 "예수님, 어떤 것이 당신을 믿는 진정한 믿음인가요? 어떻게 해야 저의 유약한 마음을 끝까지 지켜낼 수 있을까요?"라고 끊임없이 되물었다.

단 하루라도 성경 말씀을 못 읽거나 기도를 하지 않으면 마음이 불안해서 도저히 견딜 수가 없었다. 나 자신이 너무도 나약하게 느껴졌기에 고통과 의심이 찾아올 때면 금세 믿음을 놓쳐버릴 것만 같았기 때문이다.

엄마는 언제나 내게 믿음을 지키기 위해서라면 피를 흘리기까지 싸워야 하고 늘 깨어서 노력하지 않으면 안 된다고 하셨다. 남들보다 더 열악한 상황에 처해 있는 나는 더 많은 노력을 해야 마땅했다. 그러나 마음 한구석에는 항상 이런 의문이 있었다.

'분명 예수님은 내게 평안을 주겠다고 약속하셨고 당신을 따르는 일이 쉽고 가벼운 멍에라고 말씀하셨는데, 하나님을 부정하는 지식에 대항해 끝까지 믿음을 지켜내는 사명이 어찌 가벼울 수 있을까? 이토록 힘겨운 싸움을 죽을 때까지 계속하면서 어떻게 평안할 수 있다는 것일까? 이 모든 것을 아시는 주님은 어째서 당신을 따르는 것이 쉽다고 말씀하셨던 것일까?'

주님은 곧 그 의문에 대한 답을 내게 주셨다.

주님은 언제나 나와 함께 계시는 분, 그가 나의 곁에 계시니, 나는 흔들리지 않는다. 주님, 참 감사합니다. 이 마음 기쁨으로 가득차고, 이 몸이 아무런 위험도 느끼지 않는 까닭은 주께서 나를 보호하셔서 죽음의 세력이 나의 생명을 삼키지 못하게 하셨으며, 주님의 거룩한 자를 죽음의 세계에 버리지 않으셨기 때문입니다. 주께서 몸소 생명의 길을 나에게 보여 주시니, 주님을 모시고 사는 삶에 기쁨이 넘칩니다. 주께서 내 곁에 계시니, 이 큰 즐거움이 영원토록 이어질 것입니다(시 16:8-11, 표준새번역).

다윗이 그를 가리켜 이르되 내가 항상 내 앞에 계신 주를 뵈었음이여 나로 요동하지 않게 하기 위하여 그가 내 우편에 계시도다. 그러므로 내 마음이 기뻐하였고 내 혀도 즐거워하였으며 육체도 희망에

거하리니 이는 내 영혼을 음부에 버리지 아니하시며 주의 거룩한 자로 썩음을 당하지 않게 하실 것임이로다 주께서 생명의 길을 내게 보이셨으니 주 앞에서 내게 기쁨이 충만하게 하시리로다 하였으므로(행 2:25-28).

이 말씀이 믿어진 그 순간, 그 옛날 다윗과 사도들이 경험했던 평안이 나의 것이 되었다. 세상이 줄 수 없고 또 이해할 수 없다는 평안은 내가 예수님을 만나고 나서 맨 처음 받은 선물이었다. '믿음을 지키는 것은 나의 의지나 노력으로 되는 것이 아니었구나!' 하고 깨달았다.

믿음으로 나는 내 곁에 계신 주님을 볼 수 있었다. 여태까지는 어떻게 해서든 내가 주님을 꼭 붙들어야 하는 줄 알았는데, 알고 보니 주님이 이 세상에서 가장 믿음직한 손으로 나를 단단히 붙잡고 계셨던 것이다.

그것을 믿게 된 순간, 더 이상 믿음을 잃고 주님의 손을 놓쳐버릴까봐 두려워할 이유가 없었다. 믿음이라는 것이 마음속에 은혜와 사랑이 충만할 때만 지켜낼 수 있는 것이 아님을 알았기 때문이다. 주님을 따르기엔 여전히 약하고 불의했지만 그런 나를 든든히 붙잡고 계시는 주님을 믿었기에 나는 평안을 누릴 수 있었다.

'주님이 내게 주셨던 것은 정말 가장 쉽고 가벼운 멍에였어.'

든든한 주님의 손을 잡고 함께 걸어가기 시작하자 혹여 길을 잃어버릴까봐 염려했던 마음이 가라앉았다. 물론 그래도 쉽지 않았다. 무엇 하나도 쉽게 믿지 못하는 나는 끊임없이 시험에 들었고 주님의 사인을 쉽게 눈치채지 못해 늘 같은 곳에서 넘어지기를 반복하다가 자꾸 주저앉았다. 그때마다 다시 불안해져서 '난 언제쯤 자랄 수 있을까? 나만 혼자 멈춰버린 것 같은데, 이게 제대로 가고 있는 게 맞을까?' 걱정을 하기도 했다.

하지만 아기가 자라나지 않고는 배길 수 없듯이 영원한 생명을 얻은 이상 아무리 부진하더라도 자라지 않는 것은 아니었다. 예전의 일기를 보면서 그렇게나 풀리지 않던 수많은 의심과 고민이 어느 순간 남김없이 해결되었다는 사실에 놀라게 된다. 그리고 한때는 전혀 공감할 수 없던 찬양에 차마 "아멘" 하지 못해 "하나님, 저도 꼭 이렇게 고백하게 해주세요"라고 눈물의 기도를 덧붙이던 내가 어느새 진심으로 찬양을 부르고 있음을 깨닫고는 놀라게 된다.

물론 아직도 나에게는 어려운 순간들이 많다. 종종 아침에 눈을 뜨면 눈앞에 펼쳐질 현실이 무서워서 영영 눈을 뜨고 싶지 않을 때도 있고, 정말 사소한 일에 울컥 눈물이 쏟아질 만큼 마음이 무너져 내리는 날도 많다. 그때마다 나는 여전히 내 손을 붙잡고 계시는 주님을 바라보며 이런 기도를 드린다.

"사랑하는 하나님, 너무 힘들어요. 저를 이 고통에서 구해주시고 저의 꿈과 소원들을 이루어주세요. 하지만 그리 아니하실지라도 주님을 믿어요. 원하지 않는 길을 걷게 되더라도, 다시 한 번 나의 인생에 어두운 날이 찾아오더라도 주님의 사랑을 의심하지 않을 거에요. 이제 제게는 더 이상의 증거가 필요하지 않아요. 당신을 사랑할 이유는 그동안 제게 보여주신 사랑과 믿음으로 이미 충분해요."

주님 앞에서 기도를 시작하면 어느새 그동안 경험했던 사랑들이 떠올라서 그만 나도 모르게 행복해지고 만다. 아직도 나는 늘 비슷한 곳에서 넘어지고 마는 아주 부족하고 배은망덕한 사람이지만, 딱히 좋은 일이 생기지 않아도 기뻐할 수 있는 평범한 그리스도인이기 때문이다.

꿈을 꾸다

●

　선교 유치원에 다니던 어린 시절, 나는 아프리카에 간 용감한 선교사님의 이야기를 들었다. 그분의 사랑과 헌신, 그리고 불굴의 믿음에 대해 들었던 5살 아이는 이 세상에서 가장 훌륭한 직업이 선교사라고 생각했다.

　"저는 꼭 훌륭한 선교사가 될 거예요. 어른이 되면 아프리카에 갈래요."

　조금 더 자라자 아이의 눈에는 그보다 멋진 일들이 많아졌다. 영화감독, 고고학자, 모델, 여행가, 평론가…. 매일 밤마다 꿈이 바뀌던 그 시절, 나는 그저 막연히 사회적으로 성공하고 부유한 생활을 한다면 행복할 수 있으리라고 생각했던 것 같다.

그때부터는 누군가가 "네 어릴 적 꿈이 선교사였다며?"라고 물으면 "응, 이젠 아니야. 선교사는 소명을 받아야 한대"라고 대답하기 시작했던 것 같다. 그리고 병원 생활이 시작된 이후로는 더 이상 꿈을 꿀 수 없었다. 고통과 죽음 앞에 서 보니 그 무수히 많던 꿈들이 하나도 중요하게 여겨지지 않았고 또 붙잡을 수 있는 소망이 되지도 못했기 때문이다.

그러던 어느 날, 고통으로 리셋되었던 나의 마음이 다시금 꿈을 꾸기 시작했다. 모든 것을 잃어버린 그곳에서 이전에는 결코 알지 못했던 놀라운 사랑을 알게 되었을 때다.

"예수님, 나도 그렇게 당신을 사랑하고 싶어요."

예수님을 사랑한다는 것은 곧 그분이 사랑하시는 이들을 사랑하는 것이었다. 하지만 예수님처럼 사람들을 사랑해보려고 했다가 금세 한계를 느끼게 되었다. 사랑하려던 상대에게 실망을 느끼기도 했고, 때로 생각처럼 되지 않는 나 자신의 무정한 모습에 좌절해야 했다. 사랑은 사람의 의지로 결코 만들어낼 수 없기 때문에 알면 알아갈수록 더욱 어려웠다. 하지만 내 곁에는 수백 번이고 다시 사랑을 보여주며 나를 가르치시는 주님이 계셨다.

"낙심하지 마. 다시 한 번 진정한 사랑이 무엇인지 보여줄게. 다음번에는 꼭 기억할 수 있을 거야."

이런 와중에도 결코 나를 포기하지 않으시는, 끝까지 기대하시는 주님의 사랑이었다. 그러니 누구 하나도 제대로 사랑하지 못하는 나였지만, 결코 '포기'를 입에 담을 수 없었다.
그래서 완전한 사랑을 하겠다며 고집을 부리는 내게 한 친구가 이렇게 말했다.

"사람이 완전한 사랑을 할 수 있을 리가 없잖아."

나는 "아니야, 완전한 사랑을 몸소 보여주셨던 분이 있잖아"라고 대답했다. 사람의 사랑은 언제나 불완전하고, 이기적이고, 변덕스럽고, 조건부적이다. 하지만 예수님이 사람의 몸을 입은 채 완전한 사랑을 하셨던 이유는, 분명 그 사랑을 보았던 이들로 하여금 사랑을 꿈꾸게 하시려는 것이 아닐까?
그러니까 나는 정말 말도 안 되고 턱도 없지만 감히 예수님의 도움으로 예수님처럼 사랑하고 싶다. 외면을 당할지라도, 사랑을 꿈꾸다가 상처를 받게 되더라도, 심지어 이용당할 것을 알더라도 끝까지 사랑하고 싶다. 그것도 나의 손길이 닿는 모든 사람을 말이다.

이것은 여러분이 처음부터 들은 소식인데, 곧 우리가 서로 사랑해야 한다는 것입니다. …그리스도께서는 우리를 위하여 자기의 목숨을 버리셨습니다. 이것으로 우리가 사랑을 알게 되었습니다. 그러므로 우리도 형제자매를 위하여 목숨을 버리는 것이 마땅합니다 (요일 3:11, 16, 표준새번역).

새 계명을 너희에게 주노니 서로 사랑하라 내가 너희를 사랑한 것 같이 너희도 서로 사랑하라 너희가 서로 사랑하면 이로써 모든 사람이 너희가 내 제자인 줄 알리라(요 13:34-35).

사랑을 꿈꾸게 된 이후 언젠가부터 선교지에 대한 소식을 들을 때면 마음이 뜨거워졌다.

'저곳에 가고 싶어. 저곳에 있는 기쁨과 슬픔을 함께 나누고 싶어. 하지만 당장 병원 밖을 나서지도 못하는 내가 어떻게 이런 것을 바랄 수 있을까?'

그때에 나는 주님께서 말씀하시는 음성을 들었다. "내가 누구를 보낼까? 누가 우리를 대신하여 갈 것인가?" 내가 아뢰었다. "제가 여기에 있습니다. 저를 보내어 주십시오"(사 6:8, 표준새번역).

비록 현실은 늘 나의 발목을 잡았지만 마음까지 잡지는 못했다. 어느새 선교지에 가고 싶다는 마음은 간절해지다 못해 잠시 얘기만 들어도 심장이 뛰고 눈물이 흐를 지경이 되었다. 결국 나는 이 꿈을 마음에 품고 주님께 기도를 드릴 수밖에 없었다.

"주님, 저를 보내주세요. 허락해주신다면 저는 잃어버린 영혼들이 주님께 돌아오는 그곳에 가서 그들의 이웃이 되고 싶어요."

나는 선교지에서 살고 싶다. 물론 그 어디라도 복음이 필요한 곳이라면 선교지와 다름없고, 복음을 전하기 위해 살아간다면 누구나 선교사라고 할 수 있다. 나는 평소 나의 꿈이 선교사라고 말하지 않는다. 하지만 내가 그리는 꿈은 타국의 선교지에서 그저 사랑을 나누며 이웃으로서 함께 살아가는 것이다.

믿음이 없이는 하나님을 기쁘게 해드릴 수 없습니다. 하나님께 나아가는 사람은, 하나님께서 계시다는 것과 하나님께서는 자기를 찾는 사람들에게 상을 주시는 분이라는 것을 믿어야 합니다(히 11:6, 표준새번역).

이런 막대한 꿈들이 생기자 고민이 점점 많아졌다. 꿈은 크지만 믿음이 부족해서 자꾸만 낙심하게 되었기 때문이다.

"주님, 만약 이대로 더 견뎌야 한다면
저에게 이 세상에서 제일가는 믿음을 주세요.
주님을 가장 기쁘시게 하는 믿음의 사람이 되게 해주세요."

"눈에 보이는 현실을 넘어서 믿음을 따라 살고 싶어요."

나는 다시 믿음의 꿈을 꾸기 시작했다. 나는 성경 속에 나오는 사도들처럼 믿음으로 천국과 세상을 동시에 살아가는 사람이 되고 싶고, 날 때부터 성령으로 충만했던 세례 요한처럼 믿음으로 사명을 위해 걸어가고 싶고, 주님이 언급하셨던 믿음의 기적들을 하나도 빠짐없이 누리고 싶다. 이후 나는 종종 낙심이 될 때마다 겨자씨보다 작은 믿음을 붙들고 이런 기도를 드렸다.

"주님, 저는 이런 원대한 꿈들을 꾸고 있지만 사실은 쉽게 믿어지지가 않아요. 그렇다고 믿음이 생길 때까지 꿈을 안 꿀 수도 없고, 쉽게 믿어지지 않는다고 간절히 원하는 이 꿈들을 버릴 수도 없어요. 주님, 저를 도와주세요. 이 세상을 살아가는 동안 꿋꿋하게 꿈을 꾸며 살아갈 수 있도록 저에게 믿음을 주세요."

그러던 어느 날, 간절히 믿음을 구하는 기도를 드리던 내게 그동안 까맣게 잊고 있던 오랜 기억 하나가 떠올랐다. 언젠가 온통 상하고 깨진 마음으로 딱 한 번 주님께 드린 기도였다. 당시 10대였던 나는 좀처럼 나를 구해주시지 않는 하나님께 단단히 화가 나 있었다.

"하나님 아버지, 아무리 생각해도 이건 정말 너무 억울해요. 주님이 정말로 공평하신 분이라면 이제 그만 저를 구해주시고 다른 친구들처럼 평범한 삶을 누릴 수 있게 해주세요."

그런데 그렇게 한참을 혼자 씩씩대며 기도하다가 그사이에 무슨 심경의 변화가 있었던지 어느 샌가 이런 기도를 드리고 있었다.

"하지만 주님, 만약 이대로 더 견뎌야 한다면 저에게 이 세상에서 제일가는 믿음을 주세요. 친구들처럼 평범함의 축복을 누리지 못하는 대신에 이 세상에서 주님을 가장 기쁘시게 하는 믿음의 사람이 되게 해주세요."

잊고 있던 그 기도가 생각난 순간, 믿음이 좀처럼 생기지 않아 낙심해 있던 내 마음에 새로운 믿음이 채워지고 있었다.

"주님은 그날의 기도를 아직도 잊지 않고 계셨어."

그러니까 나는 정말로 이런 사람이 될 것이다.

그러나 가난한 사람이 끝까지 잊혀지는 일은 없으며, 고난받는 사람의 희망도 영원히 사라지지는 않는다(시 9:18, 표준새번역).

사랑하는
이에게

●

작년 초, 나는 뜻밖에도 암 환자가 쓴 책을 읽었다. 병원에 오고 나서는 웬만해서 지긋지긋한 아픔이나 병이 묘사된 책을 보지 않으려 했지만 며칠 전 친구가 선물해준 책을 차마 그대로 덮어둘 수 없었던 탓이다. 책을 읽는 내내 나는 나와 달리 비범한 믿음을 가진 환자의 모습에서 왠지 모를 부담을 느꼈다. 저자는 말기가 되어서야 암을 발견했는데, 곧장 수술과 치료로 여생을 보내기를 거절하고 마지막까지 온전히 복음을 위해서 살아간 사람이다. 말기 암이라는 혹독한 고통 속에서 더욱 빛을 발한 그분의 모습은 못내 안타까웠지만, 한편으로는 부럽기도 했다.

그 책을 읽은 지 한 달쯤 지났을까? 오래전부터 허벅지에 있었던 작은 멍울이 근래에 조금씩 커지는 것 같기에 조직 검사를 받았고, 이로 인해 갑작스러운 암 선고를 받았다.

"섬유세포암입니다. 아직은 초기이지만 젊은 사람에게 생긴 암은 무서워요. 당장에 수술을 받지 않으면 1년 내로 암세포가 온몸에 퍼져 죽게 될 겁니다."

담당 의사는 지름 2-3cm가량의 작은 종양이지만 암이라는 특성상 지름 10cm가량의 부위를 포함하여 제거해야 한다고 했다. 이를 위해서는 전신 마취를 받아야 하는데 현재의 폐활량으로는 전신 마취에서 깨어날 수 있는 확률이 아주 희박하다고 했다. 따라서 "전신 마취를 받고 깨어나지 못하면 의사가 전부 책임을 져야 합니다. 그러니 어떤 의사도 손을 대려 하지 않을 거예요. 가족들이 먼저 사망 가능성에 대한 동의서를 써주신다면 저도 그때부터 절차를 진행하겠습니다"라고 말했다.

의사의 얘기를 들으신 부모님은 황급히 봉사자들에게 기도를 부탁하셨다. 암이라는 병은 굉장히 치명적인 이미지를 가지고 있어서, 모두 암이라는 재앙을 맞은 나를 걱정하며 울기 시작했다. 그런데 정작 나만은 울지 않았다. 그 당시 벌써 1년째 똑같은 기도를 드리고 있던 나는 이 소식을 기도의 응답으로 받아들이고 있었기 때문이다.

"주님, 이제 더는 기다릴 수 없어요. 당장 이 병원을 나갈 수 있게 해주시든지, 그만 저를 데려가주세요. 주님은 상황을 바꿔주실 수 있잖아요. 더 이상은 믿음만으로 상황을 극복하고 싶지 않아요. 이제는 이런 기도 외에 아무것도 하지 않을 거예요. 주님이 이 고통스러운 상황을 바꿔주실 때까지 그저 가만히 기다릴 거예요."

지난 16년간 병원에서 지내는 동안 나는 언제나 한계에 부딪힐 때마다 즉시 기도를 드리거나 성경을 읽으며 믿음을 구했다. 주님이 주시는 믿음이 있으면 날이 갈수록 무거워지는 기적의 삶을 감당할 수 있었기 때문이다. 하지만 당시로부터 1년 전쯤에 도저히 감당하기 힘든 일을 겪고 나서는, 너무 지쳐버린 나머지 더 이상은 끝없이 반복되는 고통과 회복의 사이클을 견뎌낼 자신이 없었다. 이제는 믿음을 주셔도 별로 기쁘지 않았다. 그것으로 좀 더 참고 견뎌내라고 하시는 것만 같아서 오히려 약이 올랐다.

너무 지쳐 있었던 나는 누군가가 기도 제목을 물어보면 그냥 이런 기도를 드리고 있다고 말해버렸다. 그리고 나의 기도에 대해 알게 된 이들은 모두 내가 삶의 의미를 잃어버린 채 자포자기 해버렸다고 생각하는 것 같았다.

그러나 나의 기도는 삶의 의미를 더 이상 모르겠으니, 혹은 이제 너무 지쳤으니 그만 죽고 싶다는 의미가 결코 아니었다. 고통을 덜어주실 수 있는 유일한 분이 나를 살아가게 하셨다면, 역으로 나는 그분의 도움을 얻기 위해 죽음을 각오했던 것이다. 그 언젠가 에스더 왕비가 "죽으면 죽으리이다"(에 4:16)라고 말했던 것도 간절한 소원을 위해 죽음을 각오했던 것이지, 결코 죽기를 소원했던 것이 아니듯 말이다.

모두 "아무리 그래도 그런 기도는 드리는 게 아니야. 어서 잘못했다고 회개하고 다시 암을 고쳐달라고 기도해"라고 말했다. 하지만 나는 고작 암이 낫는 것만으로는 괜찮지 않았기 때문에 결코 기도를 바꾸지 않았다.

'왜 다들 내게 이제 그만하면 됐으니 암을 위해서 기도하라고 말하는 걸까? 아니, 왜 사람들은 암을 위해서만 기도를 해주는 걸까? 암이 있든 없든, 나는 이대로라면 견딜 수가 없는데.'

게다가 의사의 얘기가 나에게는 그리 대수롭지 않게 들렸다. 그것은 이미 죽음을 각오해서라기보다 이것으로 죽을 수 있다고는 생각하지 않았기 때문이었다.

지난 16년 동안 내가 끊임없이 배운 것이 무엇이었던가? 그것은 바로 사람의 생명이 병의 유무나 의사의 소견 따위가 아닌, 오직 하나님의 뜻에 달려 있다는 사실이었다. 이보다 더한, 지독한 시한부 선고를 받았을 때에도 하나님은 나를 살리고자 하셨기에 그 많은 고비를 죄다 뒤엎고 나를 살려내셨다. 그러니 암이라고 해서 다를 것이 무얼까? 이번 일을 통해 하나님이 과연 내게 무엇을 주실는지 어떻게 벌써부터 짐작할 수 있다는 것인가?

이런 이유로 나에게는 암에 걸린 사실이 아무 문제가 아니었는데, 사람들은 "쟤가 말은 저렇게 해도 얼마나 속이 상하겠어!" 하며 그 누구도 내 말을 믿어주지 않았다.

그러나 모두의 예상과는 달리 나는 견딜 수 없는 삶 속에서 드디어 무어라도 변화가 시작되었다는 사실 하나만으로 오히려 큰 위로를 얻고 있었다. 이를 통해 한계에 다다른 내 처지를 돌아보시는 주님의 손길을 느꼈기 때문이다. 그 위로가 어찌나 컸던지, 그동안 감당할 수 없는 고통으로 멎어버렸던 가슴이 1년 만에 다시 두근거렸을 정도다.

아주 조금이라도 나의 삶이 바뀌고 있었다. 그동안 늘 감춰두느라 더욱 지쳐갔던 마음을 친구들에게 털어놓을 기회가 생겼고, 수년간 속앓이를 하던 봉사자 문제가 잠시 수월해지기도 했다. 그리고 그런 작은 변화들로 인해 나의 마음에는 어느새 다시 믿음이 생기기 시작했다.

> 형제들아 우리가 아시아에서 당한 환난을 너희가 모르기를 원하지 아니하노니 힘에 겹도록 심한 고난을 당하여 살 소망까지 끊어지고 우리는 우리 자신이 사형 선고를 받은 줄 알았으니 이는 우리로 자기를 의지하지 말고 오직 죽은 자를 다시 살리시는 하나님만 의지

하게 하심이라 그가 이같이 큰 사망에서 우리를 건지셨고 또 건지실 것이며 이후에도 건지시기를 그에게 바라노라(고후 1:8-10).

그러나 나는 확신한다. 내 구원자가 살아 계신다. 나를 돌보시는 그가 땅 위에 우뚝 서실 날이 반드시 오고야 말 것이다. 내 살갗이 다 썩은 다음에라도, 내 육체가 다 썩은 다음에라도, 나는 하나님을 뵈올 것이다(욥 19:25-26, 표준새번역).

마음이 조금 회복되자 나는 오랫동안 끊고 지내던 성경을 다시 읽었다. 기대에 차서 기도도 하고 마음속에 존재하는 우상들에 관한 신앙 서적도 샀다. 그렇게도 기다리던 응답이 왔으니 삶이든 죽음이든 주님이 내게 주시는 변화를 기꺼이 맞이하려고 했다.

그런데 갑자기 상황이 다시 바뀌기 시작했다. 암 선고를 받은 지 한 달쯤 지났을까? 암이라는 진단 자체가 담당 의사를 거치며 와전된 정보였다는 사실이 드러났다. 뒤늦게 제대로 확인한 결과에 따르면 종양은 양성이었고, 외관상으로 볼 때 20%의 경계성 종양 가능성이 있을 뿐이었다. 따라서 예상 수술 범위가 줄어들었고 국소 마취만으로도 수술을 받을 수 있게 되었다.

처음에는 암이 아니었다는 소식에 모두가 기뻐했지만, 처음 잘못된 진단을 전한 담당 의사가 계속해서 진단을 번복했기 때문에 오히려 상황이 정체되기 시작했다. 마침내 담당 의사는 안정적인 수술 환경을 위해 반드시 전신 마취를 받아야 한다며 국소 마취 수술을 반대하기 시작했다. 더 이상 담당 의사를 믿을 수 없었던 가족들도 수술을 반대하기 시작했다. 이후 무한정 수술이 미뤄지면서 그제야 나는 스트레스를 받기 시작했다. 수개월 동안 매일 조금씩 커지는 종양을 지켜보고 있자니 그 모습이 꼭 시한폭탄처럼 느껴졌기 때문이다.

'아니, 이게 대체 어떻게 돌아가는 상황이지? 암이 아니라고 해도 종양은 계속 커지고 있는데 이러다가 문제가 커지기라도 하면 어떡해? 의사도, 가족들도 모두 이 수술을 반대하잖아. 에라, 모르겠다. 이것도 다 하나님이 인도하시는 거겠지? 그동안 천국에 가고 싶다고 기도했잖아. 괜찮아. 이 종양이 터지면 바라던 대로 빨리 천국에 갈 수 있어.'

하지만 마음 한구석에는 이런 식으로 상황을 방관할 게 아니라 하나님의 뜻이 무엇일지 확실하게 알고 가야 한다는 부담이 있었다. 그래서 어느 날 나는 결국 하나님 앞에 섰다.

'주님, 저는 제가 어떻게 되어도 괜찮은데… 하나님은 뭘 원하고 계세요?'

그러자 주님은 당장 나에게 다음 사실을 깨닫게 하셨다.

'아무리 천국에 가고 싶어도 주께서 허락하시지 않으면 나는 최선을 다해 살아가야 한다! 그런데 나는 여태 하나님의 뜻을 알려고 하지 않았다. 그분의 뜻을 모르면서 내심 종양 때문에 죽음을 맞을 수 있겠다고 생각했다. 내게 오늘이 주어졌다는 것은 최소한 오늘만은 하나님이 내가 살기를 원하고 계신다는 뜻이다.'

그러니 하나님의 뜻에 따라 오늘을 부여받은 나는 내일의 뜻이 무엇일지 하나도 모르는 주제에 내 마음대로 죽음을 향해 걸어가서는 안 되는 거였다. 제아무리 천국에 가고 싶어도 이를 위해 하나님이 아닌 우상을 바라봐서는 안 되는 거였다. 그러자 내가 내려야 할 결정이 확실해졌다.

"그래, 주님이 내게 오늘을 주셨다면 오늘의 나는 결코 병을 키우거나 위험 속에 몸을 놔둬서는 안 돼. 그렇다면 가능한 국소 마취로 수술을 받자. 다시 주님만 바라보기 위해 하루라도 빨리 내 안에 우상처럼 자리 잡은 몹쓸 종양을 없애버리고 싶어. 살든지 죽든지 나의 내일을 결정하시는 분은 오직 주님이셔야 하니까."

그날로 나는 가족들을 설득하기 시작했고, 계속 반대를 하는 담당 의사에게도 당사자로서의 입장을 강하게 밝혔다. 이후 수술의를 만날 수 없어 편지를 쓰고, 수술 날짜조차 전달받지 못하는 등 우여곡절이 참 많았다. 하지만 결국에는 원하던 수술을 받을 수 있게 되었다.

수술 시 종양은 아주 쉽고 깨끗하게 제거되었기 때문에 20%의 가능성조차 별로 걱정할 필요가 없을 것 같다고 했다. 그런데 이후 최종 검사 결과가 우리 모두를 놀라게 했다. 7개월쯤 수술이 미뤄지는 동안에 이미 지름 1cm가량이나 자라났던 종양이 어느새 일부가 암세포로 변이되어 있었던 것이다. 그러나 종양의 겉까지는 아직 침범하지 않았기 때문에 암이라는 최종 결과에도 불구하고 더 이상의 치료는 필요하지 않았다.

이런 결과를 들었을 때 드디어 온몸에 소름이 돋았다. 그제야 그간의 모든 일이 가장 정확한 때에, 가장 위험 부담이 없는 방법을 통해, 가장 최선의 수술을 받게 하시려는 하나님의 철저한 계획이었음을 알게 되었기 때문이다.

만약 연초에 받은 조직 검사에서 암세포가 발견되었다면 나는 분명 목숨을 건 전신 마취를 받아야 했을 것이니 어쩌면 이미 수술을 포기했을지 모른다. 게다가 누구 하나 수술을 하고자 하지 않았을 때 주님이 내 마음속에 뜬금없는 확신을 심어주시지 않았다면 나는 결코 모두를 거스르는 용기를 내지 못했을 것이고, 그렇게 아무도 모르는 사이에 암은 계속해서 자라났을 것이 틀림없다.

"어쩔 수 없네. 아무래도 하나님은 내가 살기를 원하시나봐."

이제 나는 친구들에게 이 놀라운 이야기를 전하고 있었다. 비록 내가 원하는 결말은 아니지만 그저 감사할 뿐이었다. 지칠 대로 지쳐서 주님께 귀를 막고 당장 내 뜻을 이뤄달라고 떼를 쓰던 마음을, 하나님이 수개월에 걸친 모든 일을 통해 완전히 바꿔놓으셨기 때문이다.

"내가 이렇게 너를 지키고 있으니까 더는 두려워하지 마."

주님의 집요한 은혜에 나는 어느새 "알겠어요. 주님이 함께하시기에 죽음도 두렵지 않았는데, 그렇다면 정반대로 주님이 함께하시기에 살아갈 수도 있겠죠. 당신의 뜻이 그러하다면 이제 제 앞에 주어진 이 삶을 제대로 마주해볼게요"라고 대답하고 있었다.

모두의 눈에는 언제나 씩씩해 보였을 나는, 실은 언제나 두려워하고 있었다. 나는 아픔이 두려웠고, 외로움이 두려웠고, 아직 살아 있는 사람의 호흡을 놓아버린 병원과 의사의 부당함이 두려웠고, 이런 일이 벌어지는 이 세상이 두려웠다. 무력한 나 자신이 두려웠고, 이런 나의 존재가 소중한 사람들을 힘들게 만들 것이 두려웠다. 사실 지금도 아주 두렵지 않은 것은 아니어서 앞으로 언젠가 또다시 두려워지리라는 것도 알고 있다.

하지만 무심코 집어 든 말씀 노트 속에서, 오랜만에 만난 친구가 흥얼거리는 콧노래 속에서 주님은 몇 번이고 내게 이렇게 고백하고 계셨다.

나의 사랑하는 자가 내게 말하여 이르기를 나의 사랑, 내 어여쁜 자야 일어나서 함께 가자(아 2:10).

나의 사랑하는 자가 내게 말하여 이르기를
나의 사랑, 내 어여쁜 자야
일어나서 함께 가자 (아 2:10).

에필로그

내 친구들은 꼭 한 번쯤은 건강해진 내가 나오는 꿈을 꾼다.

"어젯밤 꿈에 네가 나왔는데 건강해져서 앰부 없이 숨 쉬고 있더라! 정말 기뻐서 함께 신나게 놀았어."

모두 "그러니까 그 꿈처럼 너는 곧 나을 것이고, 머지않아 지금의 이 순간들을 추억하며 수많은 사람 앞에서 은혜를 나누게 될 거야"라고 확신했다. 그때마다 나는 꿈에도 그릴 만큼 나의 회복을 바라는 친구들이 있다는 사실에 기쁘고 감사했다.

그들의 꿈과 기도는 늘 나에게 소망으로 다가왔지만, 또 한편으로는 조금 부담이 되어서 '난 퇴원을 하자마자 아무도 나의 과

거를 알지 못하는 먼 나라로 떠날 건데? 건강해진다면 더는 환자로서의 기억에 얽매이지 않고, 그냥 아무 일 없었다는 듯이 평범하게 살고 싶어. 그동안 하고 싶었던 일들을 하면서'라고 생각하기도 했다. 이런 나의 마음을 아시는 주님은 아직 낫지도 않았는데 미리 은혜를 나누게 하신다. 미래의 자유를 위해 할 일을 조금 미리 해두라고 배려해주시는 것인지도 모른다.

그런데 막상 꼭꼭 묻어두고자 했던 고통의 시간을 되돌아보는 동안 은혜를 나눠주겠다고 생각하던 내가 도리어 가장 많은 은혜를 받게 되었다.

온몸에 새겨진 수많은 수술 자국들만큼이나 강렬한 기억들로 인해 매번 눈물을 흘리기는 했지만, 웬일인지 그 많은 눈물 중에 통탄이나 애석의 감정은 단 한 방울도 섞여 있지 않았다. 그 모든 고난 속에서 나는 단 한순간도 혼자가 아니었기 때문에, 이제는 주님과 함께 울고 웃었던 그 모든 시간이 그저 감사하기만 하다. 매번 두 눈 가득히 벅차오르는 기쁨을 도저히 억누를 수가 없었기에 '이 은혜를 내가 어떻게 말로 다 표현할 수 있을까?' 하는 걱정이 들었을 정도다.

물론 나는 여전히 환자의 삶을 살고 있기 때문에 은혜를 받는 와중에도 종종 며칠이나 몇 개월은 죽을 만큼 힘들었고, 때로는 그만 다 놔두고 떠나버리고 싶다는 생각을 하기도 했다. 하지만 고통과 나약함마저 선으로 바꿔주시는 가장 신실하신 분의 뜻이 계획대로 이뤄지고 있음은 분명하다. 나의 간증은 단지 미숙한 한 사람이 쉴 새 없이 오락가락하는 와중에도 점점 더 주님을 믿어가는 과정에 대한 것인데, 간증을 기록해온 지난 몇 년 동안 확실히 주님과 한 걸음 더 가까워졌으니 말이다.

종종 크게 죽을 고비를 넘겼던 사람들은 그때부터 자신의 인생을 '덤으로 사는 인생'이라고 여긴다. 이것은 나의 행복 비결 중 하나인데, 왜냐하면 덤으로 사는 인생 속에서는 모든 것이 더욱 특별해지기 때문이다.

그러니 나에게는 아픔 뒤에 오는 회복과 두려움 뒤에 오는 소망, 기다림 끝에 오는 성장이 유달리 더 감격스럽다. 매 순간 결코 당연하지 않은 호흡을 이어주는 이들의 사랑이 고맙고, 이렇게 살아서 은혜를 나눌 수 있다는 것만으로도 더할 나위 없이 기쁘다.

그렇기 때문에 때때로 누군가 나에게 행복하냐고 물으면 언제나 진심으로 행복하다고 말한다. 인생에서 가장 힘겨웠던 순간들은 언제나 가장 감격스러운 추억이 되었고, 앞으로도 인생의 모든 순간이 더욱 특별하게 느껴질 것인데 어찌 행복하지 않을 수 있겠는가!

그런데 사실은 꼭 죽을 고비를 넘기지 않고도 누구나 이런 특별한 기쁨을 누릴 수 있을 것이다. 아마 지금쯤이면 모두 느꼈으리라 생각하지만, 애초에 모든 인간은 하나님의 사랑 때문에 덤으로 숨을 쉬고 있기 때문이다. 그러니 우리의 인생은 모두 기적이고, 이 사실을 잊지 않는 한 누구든지 덤으로 사는 인생의 행복을 누릴 수 있을 것이라고 생각한다.

지금 이 순간에도 나는 마치 사랑하는 사람을 위해 정성껏 준비한 선물을 건네기 직전처럼 가슴이 두근거리고 날아갈 것만 같은 기분이다. 다른 무엇보다도 이 선물을 통해서 더욱 깊어질 우리의 대화가 기대되고, 또다시 새로이 만나게 될 이들이 누구일지 궁금하기 때문이다.

그러니 사랑하는 모든 친구와 아직은 알지 못하는 누군가에게, 나의 첫 번째와 두 번째 숨의 주인이신 그분의 마음이 고이 전달되었기를.

사명선언문

너희가 흠이 없고 순전하여……세상에서 그들 가운데 빛들로
나타내며 생명의 말씀을 밝혀 _ 빌 2:15-16

1. 생명을 담겠습니다
만드는 책에 주님 주신 생명을 담겠습니다.
그 책으로 복음을 선포하겠습니다.

2. 말씀을 밝히겠습니다
생명의 근본은 말씀입니다.
말씀을 밝혀 성도와 교회의 성장을 돕겠습니다.

3. 빛이 되겠습니다
시대와 영혼의 어두움을 밝혀 주님 앞으로 이끄는
빛이 되는 책을 만들겠습니다.

4. 순전히 행하겠습니다
책을 만들고 전하는 일과 경영하는 일에 부끄러움이 없는
정직함으로 행하겠습니다.

5. 끝까지 전파하겠습니다
모든 사람에게, 땅 끝까지, 주님 오시는 그날까지
복음을 전하는 사명을 다하겠습니다.

서점 안내

광화문점	서울시 종로구 새문안로 69 구세군회관 1층 02)737-2288 / 02)737-4623(F)
강남점	서울시 서초구 신반포로 177 반포쇼핑타운 3동 2층 02)595-1211 / 02)595-3549(F)
구로점	서울시 동작구 시흥대로 602, 3층 302호 02)858-8744 / 02)838-0653(F)
노원점	서울시 노원구 동일로 1366 삼봉빌딩 지하 1층 02)938-7979 / 02)3391-6169(F)
분당점	경기도 성남시 분당구 황새울로 315 대현빌딩 3층 031)707-5566 / 031)707-4999(F)
일산점	경기도 고양시 일산서구 중앙로 1391 레이크타운 지하 1층 031)916-8787 / 031)916-8788(F)
의정부점	경기도 의정부시 청사로47번길 12 성산타워 3층 031)845-0600 / 031)852-6930(F)

인터넷서점 www.lifebook.co.kr